Research on Substantive Issues
in the Legitimacy Crisis
of International
Investment Arbitration

国际投资仲裁
正当性危机化解中的
实体问题研究

亢婧 著

西南大学出版社
国家一级出版社 全国百佳图书出版单位

图书在版编目（CIP）数据

国际投资仲裁正当性危机化解中的实体问题研究 /
亢婧著 . -- 重庆 : 西南大学出版社, 2025. 4. -- ISBN
978-7-5697-2744-9

Ⅰ. D996.4

中国国家版本馆 CIP 数据核字第 20256V2Q96 号

国际投资仲裁正当性危机化解中的实体问题研究

GUOJI TOUZI ZHONGCAI ZHENGDANGXING WEIJI HUAJIE ZHONG DE SHITI WENTI YANJIU

亢婧　著

责任编辑:张　庆

责任校对:赵辰翔

装帧设计:起　源

排　　版:杜霖森

出版发行:西南大学出版社（原西南师范大学出版社）

　　　　　地址:重庆市北碚区天生路2号

　　　　　邮编:400715

　　　　　电话:023-68868624

印　　刷:重庆市圣立印刷有限公司

成品尺寸:170 mm×240 mm

印　　张:10.5

字　　数:195千字

版　　次:2025年4月　第1版

印　　次:2025年4月　第1次印刷

书　　号:ISBN 978-7-5697-2744-9

定　　价:58.00元

　　本书是重庆市教育委员会人文社科项目"高校国家安全教育与思想政治教育融合路径研究"(项目编号:23SKSZ090)和重庆工业职业技术学院博士基金项目"国际投资仲裁中的实体问题研究"(项目编号:2023GZYBSSK3-02)的阶段性成果。

前 言

自 20 世纪 90 年代以来，国际投资仲裁的正当性危机愈发凸显。关于此，国际社会已有普遍认知，并提出了多种化解方案。然而，这些方案不仅存在诸多重大分歧，而且普遍尚未触及更深层次的问题——"实体问题"的改革。笔者以为，国际投资仲裁正当性危机虽多表现为程序问题，但究其深层次的原因，实体利益的失衡方为"病灶"之所在。因此，就国际投资仲裁"正当性危机"的化解而言，实有必要检视个中的实体问题，探寻实体利益平衡的维度，摸索实现实体利益平衡的路径。

是故，本文以"国际投资仲裁正当性危机化解中的实体问题"为研究主题，除绪论外，分为六个部分。

第一部分，国际投资仲裁正当性危机的缘起。近年来，国际投资仲裁中表现出的裁决不一致、监管恐惧、透明度较低、仲裁成本畸高等问题成为国际投资仲裁正当性危机的主要表征，究其原因主要是仲裁庭管辖权的无序扩张、仲裁庭的纠错机制缺失、国际投资仲裁实体利益失衡等问题造成的。其中，国家利益与投资者利益、公共利益与私人利益等实体利益的失衡是引发国际投资仲裁正当性危机的重要原因，我们应当充分认识到实体问题对于化解国际投资仲裁的重要且现实的意义，逐一分析并找到化解实体问题的方案。

第二部分，实体问题对国际投资仲裁正当性危机化解的突围。国际投资仲裁的正当性危机长期以来受到理论界和实务界的广泛关注，现有的研讨更多的是从程序规则入手进行优化和改革，这能在一定程度上起到对国际投资仲裁制度修正的作用。然而，要使国际投资仲裁摆脱正当性危机的困扰，实体问题的症结则必须引起重视。质言之，进一步化解国际投资仲裁正当性危机需要从国家主权、国家安全、环境保护、人权保护等实体问题着手，平衡国际投资仲裁中的实体利益，探寻更深层次的解决方案。

第三部分，国际投资仲裁正当性危机化解中的"国家利益与投资者利益"平衡。本部分主要论述国家主权和国家安全两个方面的问题。就国家主权保护问题而言,20世纪90年代以来的一系列国际投资仲裁实践逐渐打破了《解决投资争端国际中心公约》所确立的有节制的国际投资仲裁体制,形成了国际投资仲裁的多元化发展趋势。当前国际投资法过于倾向投资者利益的规定,增加了东道国的义务和风险,从而对国家主权形成了挑战与冲击。对此,我们有必要引起重视并加以纠正。至于国家安全保护问题,保护国家根本安全利益的权利作为条约承诺的例外已经在条约实践中建立起来,但其实践效果却不尽如人意。本部分选取阿根廷在2000年至2002年经济危机期间提交至国际投资争端解决中心仲裁庭的首批仲裁裁决中的四个案例作为分析样本,以审视国家安全问题在国际投资仲裁中的核心关注点。

第四部分,国际投资仲裁正当性危机化解中的"公共利益与私人利益"平衡。本部分主要论述了环境保护与投资者利益平衡和人权保护与投资者利益平衡等两个问题。一是环境保护与投资者利益平衡问题。随着环境保护意识的加强,投资者期待利益和公共环境利益的冲突变得不再鲜见,二者之间如何平衡成为一个难题。本部分从国际投资仲裁实践入手,梳理了投资者期待利益和公共环境利益冲突的仲裁实践案例,并在此基础上分析二者的冲突,探讨协调解决的途径。二是人权保护与投资者利益平衡问题。在某些情况下,东道国为了保护人权所实施的措施会影响投资者的利益进而导致国际投资仲裁。本部分先对国际投资仲裁中的东道国的人权保护进行阐述,探讨人权法与国际投资法的关系及相互作用的内容和影响;然后从东道国所负的人权义务和投资保护义务之间的冲突和投资仲裁中东道国的人权主张入手,对国际投资仲裁中东道国提出的人权保护困境及其成因进行论述;接着从人权法作为适用法和联合国非政府组织委员会作为法庭之友提出人权考量两个方面对人权法在国际投资仲裁中适用的可能性进行探讨;最后对如何完善国际投资仲裁中的东道国人权保护进行讨论。

第五部分,国际投资仲裁正当性危机中实体问题的化解路径——以条约解释为例。投资者与国家间争端解决机制面临的正当性危机无一不与仲裁庭对国际投资条约的解释有关。仲裁庭在处理投资争端时对投资条约的解释多少会受到不同因素的影响。仲裁员的教育背景与价值观念的不同导致他们对同一投资条约条款可能有着不同的认识,也因此导致了条约解释的冲突。本部分从国际法上的一般条约解释理论入手,探讨条约解释在国际投资仲裁中的特殊性,同时通过大量案例分析找出仲裁庭在条约解释方面存在的问题及其原因并提出相应的解决方案。

第六部分,国际投资仲裁正当性危机中实体问题的中国因应。从目前的投资格局来看,我国作为双向投资大国,具有较高风险的国际投资结构。再加上当今世界正经历着百年未有之大变局,我国无论吸引外资还是对外投资都有着高风险。因此,我们应该在正确把握我国的投资格局的基础上,对涉及"国家利益与投资者利益""公共利益与私人利益"矛盾进行全面的审视,确立平衡的尺度。

目 录

绪 论

一、选题来源

自 20 世纪末开始,国际直接投资迅速发展,随之国际投资条约数量也增多,国际投资仲裁案件数量呈现直线上升之势,由此引发的问题也更加突出,如国际投资仲裁"同案不同判"、国际投资仲裁程序与东道国主权矛盾、重投资主体利益轻公共利益及东道国利益等。国际投资仲裁能否公正、公平地解决国际投资争端,不仅影响着国际社会关系的和谐建设,也关系着全球经济的稳定发展。如今,国际投资仲裁机制问题重重,尤其是"正当性危机"悄然而来,很多国家均意识到需要对国际投资仲裁机制、制度以及模式进行优化设计,以消除东道国对国际投资仲裁正当性疑虑。但是,现在的改革大多都仅限于对国际投资仲裁的表面程序问题进行探讨,这只能部分化解现行国际投资仲裁的正当性危机。国际投资仲裁正当性危机的化解不仅要重视程序问题,还应该探寻更深层次的实体问题,从而平衡国家利益与投资者利益、公共利益与私人利益的关系,重塑国际社会对国际投资仲裁机制的信心。

二、理论意义

就理论意义而言,本文在承认程序问题对包括国际投资仲裁在内的争端解决机制的重要性的同时,正视了争端各方对实体问题的核心关切。这有助于校正国际投资争端解决领域的研究重心和主线,并在某种程度上可以深化国际投资争端解决领域的研究层次。

长期以来,国际投资仲裁的正当性危机一直受到理论界的广泛关注,但是现有的研讨更多的是从程序规则入手进行优化和改革。这虽然能在一定程度上起到对国际投资仲裁制度修正的作用,但是要使国际投资仲裁摆脱正当性危机的困扰,实体问题的症结必须得到解决。因此,本文从理论研究出发,构建了实体问题对国际投资仲裁正当性危机化解的方法论。

三、实践意义

相较于理论意义而言,本文的实践意义则更为明显。基于国际投资仲裁的正当性危机的现实,本文从正当性危机深层次的原因——实体问题出发,通过平衡国际投资仲裁中的实体利益来进行共同的统筹和制度设计,从而形成一个可行的、公正的国际投资纠纷处理机制。

基于国际投资仲裁的正当性危机的现实,各国或组织持有不同意见。比如,日本、美国认为可以从小范围修改国际投资仲裁程序,强化争端主体们的共同解释权;欧盟认为国际投资仲裁机制需要从根本上改革,重新结合国际投资活动现状,设计一套可行的国际投资仲裁机制,并提出了运用双边自贸协定确定统一的法律概念、统一的运行机制;以巴西为代表的部分金砖国家并不支持投资者与国家争端解决(Investor-State Dispute Settlement, ISDS)机制,他们认为所有的国际投资争端应该从国家层面解决,印度和南非已经着手调整、改革国际投资仲裁机制。因此,对于未来如何发展ISDS机制,如何推进ISDS机制,不应只关注程序表面,还应深入探讨正当性危机的实体问题,平衡国际投资仲裁中的实体利益,以期形成一个可行的、公正的国际投资纠纷处理机制。

四、国内外研究综述

(一)国外文献综述

1.正当性危机内涵

国外学者从国际投资仲裁正当性危机的内涵、影响、应对策略等多个方面展开了研究。

(1)关于国际投资仲裁正当性危机的内涵

赖因哈德·奎克(Reinhard Quick)指出,在ISDS机制中,仲裁庭对公众的权威性和可信度并不高。国内法院实施的条款与ISDS机制的规制并不统一。对此,笔者提出了一个大胆假设:统一国内法与国际法,并认为这样的统一是可以实现的。但是国家或组织体制不同,政策不同,融合统一并不是那么简单。比如,欧盟司法部门不支持国际法与国内法的融合建议,他们认为解决国际投资仲裁机制危机必须从根本上改革,这样才能保障国际投资仲裁正当性,从根本上解决危机。

薇薇安·库布(Vivian Kube)和恩斯特·乌尔里希·彼得斯曼(Ernst-Ulrich Petersmann)指出,国际投资仲裁机制改革是一项迫在眉睫的任务。他们认为改革可以实现投资主体与东道国之间的利益平衡,并且与人权抗辩精神相契合。关于裁决一致性问题,学者查尔斯·布劳尔(Charles Brower)指出,虽然国际社会为处理争端、纠纷专门成立了临时仲裁庭,并在运行过程中形成了一系列法律原则,但是该临时仲裁组织与常设仲裁庭相比,其可信度与权威性还是较低。比如,《北美自由贸易协定》(North American Free Trade Agreement,NAFTA)下的临时仲裁机构主要关注快速解决国际投资纠纷,对于自身所处高度、承担的责任并不清晰。

古斯·范·哈顿(Gus Van Harten)概括了国际投资仲裁员与法官这两个身份和角色,指出他们在处理实体问题时容易受到小团体的影响,这可能导致国际投资仲裁凌驾于国家立法、行政法甚至司法之上,从而损害东道国的利益。在古斯·范·哈顿的研究中,他分析了412件国际投资仲裁案例,并通过量化研究得出结论:从本质上讲,国家与投资者之间的争端解决机制就是通过仲裁机制来转移利益。根据经济效益的评价标准来看,在一系列跨国公司、国家与投资者之间的争端解决机制中,大型公司是国际投资仲裁机制的主要服务对象,而中小型企业及普通投资者在国际投资仲裁中通常处于不利地位。相比之下,东道国的利益受损最为严重。

(2)关于国际投资仲裁正当性危机的影响

丹尼尔(Daniel)指出,国际投资仲裁的不一致性会引发新矛盾与纠纷。如,它会对投资主体进行错误引导,使其形成错误认知,让其无法精准判断投资国的市场前景,投资活动成本也会增加;又如,它会导致不公平投资感受,影响其他投资主体前来投资,尤其是那些"观望者"有可能会选择转向其他国家;再如,它会影响工作效率,无形中增加仲裁机构的经济成本与时间成本。

同时,丹尼尔认为前后判决不一致也并不是完全无意义。如,不一致的ISDS机制裁决可以让人们共同讨论,从而激发学术研究与实务研究的热情。虽然表面上仲裁结果不一致,但这并不意味着法律基础不一致,因为国际投资仲裁还受人为因素的影响。丹尼尔还提出了国际投资仲裁机制的形成背景,它是私人解决机制与国际公约融合的结果。这种融合势必会挑战以往私人仲裁模式,但它是为了保护更大范围的利益。因此,在实施新的国际投资仲裁ISDS机制时,它势必会引发其他利益主体的矛盾,影响不同利益主体之间的和谐关系。

（3）关于国际投资仲裁正当性危机的应对策略

苏珊·弗兰克（Susan Franck）指出,当下实施的ISDS机制存在有效性不足的问题。他针对这一问题提出了解决方案,即可以在ISDS机制中引入撤销程序。但是有论者也提出,引入撤销制度困难重重,效果也不理想。因此,为了确保撤销程序的有效性,需要做好两个方面的保障:一方面基于《纽约公约》和《解决投资争端国际中心公约》限制撤销事由;另一方面基于《纽约公约》提出撤销申请,并在承认阶段进行抗辩活动。总体而言,撤销程序的可操作空间不大。此外,国内法对于国际投资仲裁纠错作用不大。

2.ISDS机制改革角色定位

（1）统一解释规则

在ISDS机制中,说理程序最关键的是法律解释。当前,争议最大的是国际习惯法解释与特定法解释地位认定、效力约束不统一。不可否认,国际习惯法对国际投资仲裁发挥了重要作用。一些国际习惯法中的应用与实施,为创新国民待遇、最惠国待遇、公平公正待遇等提供了依据,同样对于合理正当的国际投资仲裁法也提供了参考。安德鲁·T.古兹曼（Andrew T. Guzman）指出,国际投资条约基本条款类似国际习惯法,从名称到内容都非常相似,它与法典化结果不可等同。它是从资本主义发达国家立场考虑,是投资主体设计的保护套,并不能真实反映出国际习惯法。当前,不同仲裁机构和国内法院对国际习惯法的解释不同,统一解释的难度大。

坎贝尔·麦克拉克兰（Campbell McLachlan）参考了哈特研究中提出的基本规则（Primary Rules）、次级规则（Secondary Rules）标准,讨论了国际习惯法的规则。他提出,条约法是ISDS机制规则的重要内容,针对具体案例应该优先适用国际习惯法。比如,判断基本规则可依据条约语言、目的以及意图,并按照常规习惯处理。这不仅体现了国际习惯法存在的意义,而且有助于推动国际习惯法的发展。因此,优先习惯的做法是可行的。比如,当某一条约法对问题无规定时,可以按照国际习惯法来处理。

国际投资条约的适用法与国际法律解释之间既有共通之处,也存在差异。比如,仲裁庭和国内法院在解释法律条文时意见不一,从而形成了不同认识,并制定了不同标准的解释条款。以"Sanum Investments Limited v. Lao People's Democratic Republic"案①为例,其条约内容在解决本国领域问题时显得较为适用,但笔者认为新加坡法院未能准确理解东道国的法律条款,忽略了《维也纳条约法公约》(*Vienna Convention on the Law of Treaties*, VCLT)对双边投资条约(Bilateral Investment Treaty, BIT)解释的作用。尽管我们无法断言"Sanum Investments Limited v. Lao People's Democratic Republic"案是否判决有误,但通过这些案例可以看出,适用法与解释条款常常被混淆使用。在奥德西斯·G.雷波西斯(Odysseas G. Repousis)的研究中,他引入了"Petrobart Limited v. The Kyrgyz Republic"案和"Ascom Group S.A., Anatolie Stati, Gabriel Stati and Terra Raf Trans Traiding Ltd. v. Republic of Kazakhstan"案两个案例,这两个案例同样展示了司法解释与适用法之间的混淆。

《综合经济与贸易协定》(*Comprehensive Economic and Trade Agreement*, CETA)中的争端解决机制也是对国际投资纠纷仲裁的创新,但它不是真正意义上的改革,只能算是改良活动。为此,联合委员会的解释不一定会对解释规则带来根本性影响。

(2)仲裁员行为规范

国际投资仲裁机构通常是由多数仲裁员构成,而这些仲裁员的行为、规范和专业素养将直接影响国际投资仲裁的裁决结果。因此,凯瑟琳·A.罗杰斯(Catherine A.Rogers)总结了提升仲裁员素养与能力的方法,并强调国际投资仲裁员必须遵守正义、勤勉和保密等职业道德。

CETA 是基于国际律师协会规则创新而成的。多米尼克·霍罗迪斯基(Dominik Horodyski)对 CETA 中的 ISDS 机制条款进行了深入分析,认为相较于先前的规则,CETA 并未发生显著变化,仍旧维持了其软法特性。他还指出了国际投资仲裁员行为的不规范现象,包括解决利益冲突时的思维局限、文书披露的不规范等。为了保证仲裁员的行为规范,他提出了几项建议,如优化国际投资仲裁员的资格认证体系、建立监督机构以及构建国际投资仲裁员的名录制度等。

在国际投资仲裁领域,目前存在争议的一个问题是,仲裁员在处理国家与投资者之间的争端时,是否可以同时从事律师业务。人们质疑,仲裁员如果兼任律师,是否会影响其在国际投资仲裁中的判断公正性和合理性。对此,菲利普·桑兹

----

① 为了确保案例的准确性,本书中的所有案例名称均保留原文,未进行中文翻译。

(Philippe Sands)进行了比较分析,探讨了"正当怀疑标准"(Justifiable Doubts Standard)和"实际危险标准"(Real Danger Standard)。他提出,即便国际投资仲裁员同时担任多种职务,裁决结果也不会受到影响。然而,如果在某一案件中,仲裁员具有多重身份,那么在案件处理过程中,必须特别注意某些问题,并可考虑调整其他仲裁员的组成,以减少寻租行为和暗箱操作的可能性。

(3)例外规则

多数学者研究了例外规则,讨论了其标准与构成。其中,必要性标准是结合国际习惯法统一分析的;具体例外规则是结合具体事宜设计的。对此,不少学者进行了多视角讨论。

凯瑟琳(Catherine)讨论了美国 BIT 中的例外规则,并选择了金融例外规则、环境例外规则以及安全例外规则进行对比分析。她从征收角度讨论例外规则,指出东道国自裁规则会受到自由裁量的影响,且规则之间协调性不足,这导致了必要性标准与恰当性标准的矛盾关系。

威廉·伯克-怀特(William Burke-White)和安德烈亚斯·冯·施塔登(Andreas von Staden)引入了"非排除措施"条款,讨论了例外规则,并阐明了东道国自裁不排除措施条款与东道国无法自裁不排除措施条款之间的本质差异。通过分析适用例外规则的案例,他们得出结论,如果东道国设计措施与 BIT 义务不吻合,那么需要判断其措施与不排除措施条款规定范围是否统一。如果范围统一且没有超越范围,东道国可继续执行该措施。而如果措施仅仅是考虑到本国利益,并超出了不排除措施条款范围,则需要重新考量。在审查过程中,仲裁机构要按照诚信原则考察东道国自裁不排除措施条款,并对实体进行评估,判断其目的、范围。

卡尔·P.索万(Karl P.Sauvant),梅维琳·翁(Mevelyn Ong)等通过量化研究讨论了东道国自裁不排除措施条款中越来越关注国家安全利益的问题,以及例外规则作用、规制难度所发生的变化。其中,关于安全方面的条款,东道国的自由裁量操作空间会更大。因此,之后很长一段时间的研究工作将会侧重分析东道国自裁条款内容。

(4)可诉实体义务范围

马特维耶夫·A.(Matveev A.)指出,ISDS 机制反映了国际投资条约实体的执行情况。因此,在讨论与研究 ISDS 机制时,必须结合实体条款。虽然 ISDS 机制备受争议,但是问题并不在于ISDS机制程序自身,因为国际投资条约的实体条款内容过于宽泛。

古斯·范·哈顿指出,ISDS机制具有辅助性与补充性。根据用尽当地救济的原则,它与诉讼不可平起平坐,立法部门与监管部门在执行过程中应该坚持礼让和谦抑。古斯·范·哈顿进一步阐述,CETA针对不公待遇设计了相关条款,但是这些是对公平公正待遇范围的延伸,与NAFTA解释公平公正待遇的范围相比要大很多。

西蒙·莱斯特(Simon Lester)指出,非歧视待遇是东道国投资活动持续发展的关键原则,也是司法审查的重要依据。但是,各国对于非歧视待遇内涵解释比较狭义,且约束条件较多。相比之下,公平公正待遇、间接投资义务的内涵则更为宽泛。为解决这些问题,CETA实施了ISDS机制改革,即采用闭合语言对公平公正待遇的内涵进行封闭规定。但此类规定仍显模糊,因为这种封闭规定仅对标准进行了类型化处理,而对政府行为影响干预的相关内容并未类型化处理。另外,这种封闭规定将更多的自由裁量权交给了仲裁员。这样的做法为国际审查的规则奠定了主观性基础。

(5)关于投资主体及投资活动的国籍

学者们对投资活动的定义提出了多种解释,并给出了众多阐释。从广义的角度来看,大多数学者归纳了投资的特性。比如,丹尼尔·基塞尔巴赫(Daniel Kiselbach)等人基于投资的特性,分析了自由贸易协定、贸易与投资协定中的国家投资者争端解决条款。从表面上看,这些协定旨在通过国际机制解决投资争议。然而,考虑到投资的特性,我们应深思:与投资相关的措施是否也应纳入国际投资仲裁机制? 与投资相关的贸易和服务活动是否同样可以依据国际投资仲裁机制来调解纠纷? 如果按照这种观点,国际投资仲裁机制的范围可能会大幅扩展,而自由贸易协定与BIT中关于国家投资者争端解决的法律解释也可能呈现出扩张的趋势。

V.A.希斯卡内(V.A.Heiskanen)对投资的定义进行了讨论,并通过实证分析探讨了投资路径。研究结果表明,在国际社会中,规范投资活动的条款大多属于"帽子条款",这些条款与投资实践相结合,对投资的内涵进行了界定。比如,萨利尼(Salini)标准自2001年起便采用了"帽子条款"的方式。本质上,Salini标准区分了投资与财产,将投资视为财产范畴内的一个下位法律概念,即"被投资"(Invested)

财产。根据这一解释,无论投资活动如何被解释,投资条款都是为了保护收益而设立的。实际上,国际投资活动中对投资定义的一些方法也需要创新和改进。

还有学者基于 Salini 标准对投资的定义及其发展进行了探讨,并对投资构成要素进行了深入分析。比如,伊曼纽尔·盖拉德(Emmanuel Gaillard)对投资仲裁法律中投资的界定进行了讨论,提出了两种路径:一种是传统的演绎路径,它对投资进行了明确的定义,并采用了严格的标准来判断投资要素;另一种是反传统的直觉路径,它没有对投资进行明确的定义,而是建立了一套主观标准来限制投资管辖。在演绎路径中,Salini 标准对投资定义的影响尤为深远。Salini 标准为国际投资设定了严格的标准,并从投入、持续时间、投资风险以及经济贡献四个方面界定了投资要素,这些要素都是有利于东道国发展的。然而,从美国 BIT 范本(2012)、CETA 来看,它们虽然均对国际投资作出了解释,但都是依据直觉路径来进行分析的。因此,一些学者指出,传统的定义方式已不足以应对新时代的国际投资活动。他们建议将演绎路径与直觉路径相结合,以全面解释投资的关键要素。这无疑是一个值得探索的有益途径。

除了界定投资主体、投资活动的国籍问题,还有不少学者深入考虑了特定政治背景下的投资管辖问题。投资者是对外投资活动的主要成员,也是条约保护的主体。投资者如何界定,这会影响到管辖结果。很多条约确定了投资者身份,并将其划分为自然人、企业两种投资者。其中,条约中对企业投资者的界定、规制条款较多。当前对于投资者争议较大的是投资者国籍问题。

综上分析,国外学者针对国际投资仲裁机制的研究主要有两个主张:第一类是批判性研究;第二类是改革机制。他们认识到国际投资仲裁机制存在不足,从而从东道国利益保护以及公共利益保护的角度出发,对仲裁庭管辖权扩张、ISDS 机制合法性、裁决一致性和正确性等方面进行批判性研究,但是这些研究理论统一基础不强,有很多法理出现混淆的情况,批判研究层次不高。随着国际投资活动频繁,加之协同缔结数量增多,不少研究者提出改革国际投资仲裁机制。比如,《跨太平洋伙伴关系协定》和 CETA 作为新国际投资约束机制,得到很多人的认可推行。

关于新国际投资仲裁协定改革,有些研究聚焦于传统国际投资仲裁机制设计改革策略,或是以常设仲裁机构为改革的主体。比如,美国已经重新设计并调整了国际投资规则;欧盟参与设计了 CETA 和《欧盟-越南自由贸易协定》的规则。

其中,CETA就是常设仲裁机构设计的。很多学者对于这些新国际投资仲裁机制的程序成本、程序效率进行了评估分析。有学者支持常设仲裁庭设计观点,认为可以通过世界贸易组织设计的争端解决机制、常设仲裁机构设计的机制共同解决国际投资争议。但是,他们并不支持临时仲裁庭设计的规制,因为其全面性与权威性都不足以解决问题。还有学者讨论了例外规则、公平待遇等问题,从而弥补了国际投资仲裁机制的研究内容。针对新一代国际投资条约,ISDS机制改革是很多学者比较认同与推崇的,并形成了一系列研究成果。然而,专门围绕CETA和《跨太平洋伙伴关系协定》等新一代投资条约下ISDS解决机制的制度研究依然空白,这表明了有进一步研究的必要性。

国外学者从程序法与实体法两个角度进行研究,但是还没有涉及国际投资仲裁机制的程序改变、实体改变,以及管辖权扩张、正当性、正确性问题。因此,对于ISDS机制改革以及新一代国际投资条约下的ISDS机制研究需要有机统一起来,这样才可让国际投资仲裁研究更加完整。

3.国际投资仲裁正当性危机中的实体问题

(1)环境问题

毛里齐奥·布鲁内蒂(Maurizio Brunetti)概述了东道国为保障公共利益而对国际投资活动设立的环境规制。作为最终纳税主体的东道国,不应该为保护公共利益,而损害投资主体的利益。国外投资者在进入东道国开展投资活动时,他们会分析一系列规制措施,这也是投资风险的具体化体现。投资者在意识到风险后,会承担相应的后果。杰西·科尔曼(Jesse Coleman)总结了当前国际投资环境与发展趋势,指出若是可以对投资条约实施改变,那么也可以减少投资风险。比如,根据某些条约内容,仲裁庭可以对投资仲裁进行调解,并结合投资赔偿制度内容做出最合理的裁决。

综上分析,国外研究成果与研究观点都是从国际投资环境、政策演变角度展开的,分析了环境条款的相关规定,或者从具体投资条约入手,结合相关案例进行论述分析,总结了环境条款的优势与劣势。参考这些研究内容,根据国际投资条约的相关内容,本文讨论了环境条款的整体发展,并结合我国实际情况,提出了改善意见。按照上述研究思路,构建了本文研究逻辑框架,从而整理了国际投资仲裁合理性和正当性的研究。

（2）人权问题

国际贸易活动常常伴随着劳工问题，这些问题进而影响到人权的发展。从宏观角度看，国外在人权问题上的研究起步较早，研究成果丰富，且研究体系较为完善。经济组织的案例（经济合作与发展组织和Vale-哥伦比亚可持续国际投资中心提供了大量有价值的文献）为本文研究提供了思路和指导。比如，《国际投资法：概念的理解以及创新的追溯》（*International Investment Law: Understanding Concepts and Tracking Innovations*）一书深入探讨了国际投资活动中的劳工、环境和反腐败等问题，分析了劳工纠纷的现实情况及其解决方案。图书内容丰富，信息量大，提出了许多观点，其中一些观点与国际法人本化思想相吻合，还有些观点与构建"和谐世界"的理念相近。通过梳理这些观点，为本文的写作提供了许多启示。

又如，《国际投资协定中的劳工条款：可持续发展的前景》（*Labor Provisions in International Investment Agreements: Prospects for Sustainable Development*）一文指出，美国在推行劳工条款时遭遇了质疑，美国劳工保护组织认为修订后的条款并不切实可行，对劳工的保护效果有限。一些企业组织指出，修订后的条款影响了发展中国家与美国的双边协议内容，而许多发展中国家则认为美国的修订条款实质上是一种贸易保护策略。尽管社会对此评价不一，但笔者强调劳工权与人权是两个不同的概念，它们在起源、性质、存在领域和服务主体上都有所区别。虽然国际社会试图为劳工权设立统一的规范，但其可行性并不高。然而，将劳工权的相关规定纳入国际投资仲裁程序，对促进国家间投资活动的稳定发展具有积极意义。如果再结合一套可持续发展策略，将有助于实现更加公平和公正的发展。因此，笔者建议，应结合美国修订的内容，综合吸收各方意见，对劳工条款进行适当调整，以平衡各方利益主体的关系。这样的思路也可以为我国在建设、优化劳工条款方面提供参考。

再如，《双边投资条约中的劳工条款：美国新的双边投资条约范本是否为未来提供了模板？》（*Labor provisions in bilateral investment treaties: Does the new US Model BIT provide a template for the future?*）一文指出，国际投资活动中的劳工条款设计不能简单模仿国际贸易活动中的劳工条款。同时指出，美国修订的条款展现了诸多创新和突破。这从侧面反映了该文章的作者对美国劳工条款修订的内容持肯定态度。另外，该文章的作者还提出了在国际投资仲裁程序中加入劳工规定，以保障各方利益，减少国际投资的矛盾和纠纷。通过研究这篇文章，我们可以看出国际社会普遍认可劳工条款的构建和完善,并给予了大量支持。因此,随着时代的发展和国际社会环境的变化,重新构建国际投资仲裁体系中的劳工条款,使其更加科学和可行,是十分必要的。

参考上述观点,从广义上保障公共社会和人权,保护劳工群众的合法权益,构建一套合理的国际投资仲裁机制,可以在纠纷处理过程中兼顾各方利益,找到一个合理的平衡点。本文综合国外文献研究,总结了美国投资条约中劳工条款的优势和不足,为中国设计合理客观的投资条约提供了思路,并结合国际立法趋势,从劳工保障的角度提出了优化国际投资仲裁机制的几点建议。

(3)条约解释问题

国外学者对国际投资仲裁中的条约解释已经进行了较为深入的研究并且认为条约解释是进一步平衡仲裁庭与缔约国之间关系的重要渠道。例如安西娅·罗伯茨(Anthea Roberts)提出需平衡仲裁庭与缔约国之间的解释权,重视条约解释后的相关条约,考虑未来相关利益问题。她论述了缔约国在国际投资条约下的双重地位和缔约国与仲裁庭之间的关系,主张缔约国与仲裁庭应当共同分享投资条约解释权,加强缔约国与仲裁庭的沟通,共同解决投资者的滥诉现象。埃莱妮·梅西马基(Eleni Methymaki)认为缔约国才是掌控国际投资条约的关键存在,她强调了缔约国联合解释对仲裁庭的限制作用,认为仲裁庭的解释权限不应过大,应遵守缔约国联合解释中有关条约解释的规定。安德烈亚斯·库利克(Andreas Kulick)研究了缔约主体之间的解释权的效力地位,最终得出缔约国联合解释地位最高的结论,并认为其对于其他解释皆具有限制性。同时他也提出,缔约国联合解释也应在实际中得到积极应用,这样才能有效应对条约仲裁中解释和最终结果不符的问题。

尽管国外在国际投资条约解释方面的研究足够透彻,但依旧在有些领域讨论不足。比如,关于如何激励缔约国提出联合解释,以及在缔约国未能达成联合解释这一意外状况下仲裁庭应该怎样处理等。与这些领域相关的论文主要有大卫·高克罗杰(David Gaukrodger)的《适用于投资条约联合解释性协定的法律框架》(*The legal framework applicable to joint interpretive agreements of investment treaties*)、安西娅·罗伯茨的《投资条约解释中的权力和说服力:国家的双重作用》(*Power and Persuasion in Investment Agreement Interpretation: The Dual Role of the State*)等。大卫·高克罗杰在文章中提出了一些有关缔约国实施解释权的方法,并强调了缔约国解释权的重要性。他认为,随着投资条约的数量增加,缔约方的关系也会变得复杂。因此,需要对投资条约进行解释,以维护各方利益。安西娅·罗伯茨的文章主要强调加强缔约国解释权可更好地使缔约国和仲裁庭之间维持平衡状态。

基于规制仲裁庭的自由裁量权的目的,扩大缔约国条约解释权在国际上引起了广泛关注。《2011年世界投资报告》中提出多种扩大缔约国解释权的方法,如缔约国联合解释、嗣后实践。部分学者在该报告中深入解释了VCLT在投资条约解释中带来的影响,使学界对VCLT第三十二条和缔约国联合解释之间的复杂关系有了更深刻的了解。

(二)国内文献综述

1.国际投资仲裁的正当性危机及应对

从2009年开始,国内研究投资者与东道国纠纷解决机制的文章开始增多,研究者们从国际法、平行程序、条约适用等多个角度深入研究,并取得了丰硕的研究成果。比如,蔡从燕认为投资仲裁商事化发展应该从ISDS机制开始;梁丹妮引入中国被诉案件,讨论分析了最惠国待遇适用情况;漆彤分析了利益拒绝条款的内容以及作用机制,并讨论了该条款应用对国际投资仲裁活动的影响;于健龙分析了透明度原则,并提出了国际投资仲裁优化建议。

从2013年开始,国内研究ISDS机制的文献数量较之前相比整整翻了一倍。这与国际条约缔结进展以及国际投资仲裁案件的处理数量有一定关系。在该阶段,对ISDS机制的研究进入了爆发期。比如,黄世席讨论了最惠国待遇对国际投资仲裁条款的适用与影响,总结了国际投资仲裁处理结果,并分析了最惠国待遇与管辖权问题之间的关系;肖军研究了中美BIT谈判机制对ISDS上诉机制的影响以及作用结果;张庆麟分析了ISDS机制第三方参与的问题;丁夏讨论了国际投资仲裁活动中仲裁员的行为和规范对仲裁结果的影响。

2.ISDS机制的实体问题

(1)环境问题

国内学者李晓阳、刘一粟早在1992年就发表了《论国际环境权》,对国际环境权进行了论述分析。他们指出,自20世纪80年代以来,国际社会对环境权越来越关注,且呈现了新发展趋势。国际环境权的应用及规制不仅对本国经济发展、社会发展有直接影响,还会影响到发展中国家的发展权。蔡守秋发表的《环境权初探》中,对环境权进行了系统分析,认为它是国家基本权利之一,也是国家赋予公民的自然权。国家作为国际社会的构成部分,除了要关心国家经济政治发展外,还应该承担全球范围内的环境保护责任。环境保护义务是不可推卸的,只有各国主动履行责任才能促进人类社会持续发展。环境利益关系每一个人的利益。徐祥民教授从人权发展的角度,讨论了环境权,正如其所言,环境权是人人应得的权利,这是环境危机频发的产物,每一个人都有保护环境的责任。朱谦在《环境权问题:一种新的探讨路径》中提到,环境权是基于宪法、环境基本法律赋予公民的基本权利。它属于宣示性条款,与人权是两个不同的概念。他还指出,维持良好环境使之不侵害公民的基本权利,就成为国家环境管理权产生的依据和来源。沈伟在《国际投资中的环境保护问题》中讨论分析了国际投资活动与环境保护的关系,并总结了在国际投资活动中引发环境矛盾的主要表现:第一,外国投资者会选择发展中国家做投资,变相转移环境污染,以牺牲东道国环境利益谋取自己国家经济利益;第二,发达国家与发展中国家设计的环保标准与规制有差异,导致环境纠纷处理难以统一。王艳冰在《国际投资规则中的环境法律问题研究》中讨论了投资规则与环境保护的相互关系。她指出,国际投资环境中一些规则的协定形态、条款模式、用语问题等都会影响到环境纠纷判决结果。因此,要从保护目标与环境目标之间找到深层原因,设计出一个合理的裁决体系。

笔者认为环境问题已经是全球化问题,加上可持续发展理念的深入,在国际投资条约体系中加入"环境条款"是一种与时俱进的做法。然而,很多国家对于国际投资条约中投资与环境关系的看法还不统一。有些国家支持在条约中增加环保条款,认为这与经济目标、环境保护实施有关系;还有一些国家则不支持,认为这样做会有很多困难。在《〈能源宪章条约〉中环境保护规定的缺陷——与晚近投资协定比较的视角》中,作者王艳冰提到了《能源宪章条约》的相关规定,它在新能源领域也发挥着规制功能。在多边投资条约(Multilateral Agreement on Investment, MAI)中,有些环境条款对保护经济效益、环境效益具有积极影响。然而,条款设计上包含环境权益与义务、程序规则等,设计还不够成熟。文章中还对环境保护意义进行了分析,认为适用法律条款有些规定过于宽泛,反而不利于环境保护。刘正在《中国国际投资协定的环境条款评析与完善思考》中讨论了将环境条款加入国际投资条约的积极作用与消极作用。文章通过分析包含环境条款的条约范本,并结合我国签署的投资条约,指出在国际投资条约中增加环境条款,对我国环境保护有积极影响。但是,鉴于国际投资活动中国家身份的多重性,文章强调了平衡这些关系的重要性,并建议构建与之适用的环境保护立法。冯光在《TPP环境条款创新对我国缔约工作的启示》中讨论了因环境纠纷引发的国际仲裁案例,指出处理这类案例的核心是东道国"政府规制权"是否合法。韩秀丽在2018年发表了《中国海外投资的环境保护问题——基于投资法维度的考察》,提出将环境条款植入国际投资条约是创新,也是可行的实践,国际社会也已经对此表示默认。科学且有创意的环境条款,不仅可以保护本国环境,还能规制投资者行为。但是,这些环境条款可能会降低外国投资者的积极性。

(2)人权问题

美国在2004年修订的法律中增加了"劳工保护"的内容,并在立法序言部分提到了劳工保护的宣言表述。国际社会对于劳工条款是否植入投资条约中并无明确态度,相关研究也比较少。国内学者关于投资条约中劳工保护条款的研究不多,相关研究也是分散在高校教授的研究成果中。比如,刘笋在《国际法的人本化趋势与国际投资法的革新》中提出,在追求经济目标的同时,也应该保障人权和环境利益。他还强调在投资条约中应该确立东道国的管辖权,并强化劳工保障。单文华和张生在《美国投资条约新范本及其可接受性问题研究》中指出,中美在谈判签订的投资条约都是基于两个国家的真实情况而设计的,另外,参考美国投资条约范本能够帮助中国把控政策变化,从而提出适合双方的合作策略。张辉在《美国国际投资法理论和实践的晚近发展——浅析美国双边投资条约2004年范本》中提到,美国修正法律条文实际上就是在变相保护本国利益,同时国际社会也开始关注国家利益保护,并兼顾各方主体的利益。崔凡在《美国2012年双边投资协定范本与中美双边投资协定谈判》中探讨了美国在国际投资立法领域的建设成果,以及对双边协定的态度。梁咏在《2012年美国BIT范本中劳工条款的新发展与中国对策研究——以投资利益与劳工保护平衡为视角》一文中深入分析了劳工条款内容、修订前后的对比,并讨论了修订后条款对国际社会的影响。她还建议中国对外投资条约中应该增加一些保护劳工的条款。

总体而言,这些文章主要针对美国投资条约进行了分析,多数侧重于理论概述,对于条款的具体和综合性论述较少。鉴于美国国情与中国国情的差异,是否应借鉴其做法,以及这些做法在中国是否有效,仍需进一步探讨。此外,笔者并不认为美国设计的劳工条款是完美无缺的。尽管如此,美国在投资条约及其条款增加方面的研究为本文探讨国际投资仲裁机制提供了丰富的思路。

（3）条约解释

国内学者对国际投资仲裁中条约解释的研究文献相对较少。比如,靳也在《国际投资仲裁程序规则中的缔约国条约解释机制研究》中指出,缔约国拥有独立于 VCLT 的条约解释规则。另外,国际法委员会在起草 VCLT 时表明了条约解释涉及两个层面:一是缔约国对条约作出的真实解释是保证条约有效解释的前提;二是当缔约国关于条约解释的问题产生争议时,应该由第三方出面解决此类争议,并由仲裁庭作出相关的解释。综上,缔约国之间形成的解释应超越一般的解释规则。

五、研究方法

本文综合多种方法,并立足多学科视角,讨论了国际组织法、国际关系学等基础理论,并对国际投资仲裁正当性问题展开研究。本文使用的研究方法主要有以下几种。

第一,文献分析法。本文通过研究关键词检索了相关研究文献,对国内外学者研究国际投资仲裁的成果进行了梳理,总结了当前国际投资仲裁困境以及不足,同时从实体问题视角讨论了国际投资仲裁正当性危机,并提出了克服国际投资仲裁正当性危机的策略。

第二,案例分析法。本文引入了多个具有代表性的国际投资仲裁案件,对其解决机制以及处理结果进行了分析,讨论了诱发国际投资仲裁正当性危机的原因。由此得出,除了程序问题外,实体问题也是诱发正当性危机的重要原因。以此为基础,本文进一步展开了深入研究,并提出了解决方案。

第三,比较研究法。通过综合对比国际投资争端解决机制,本文分析了其合理性,概述了国际投资仲裁改革方向、改革内容,并结合中国实际情况给予对策和建议。

六、研究创新

本文结合实证分析与理论分析，尝试以国际投资仲裁中的实体问题为切入点，按照"问题—规则—适用—评估"的逻辑探讨国际投资仲裁正当性危机的化解方案。笔者认为，本文的研究创新主要有以下几点。

第一，研究视角具有一定的创新性。本文梳理了关于国际投资仲裁正当性危机及其化解的既有理论和实践，指出国际投资仲裁的程序性改革和修补不能完全化解正当性危机，并提出实体问题是引发国际投资仲裁正当性危机的根源。国际投资仲裁正当性危机的化解不能仅从程序上去考虑，还应当重视实体问题，从实体利益平衡的研究视角出发重新审视国际投资仲裁的改革。

第二，对国际投资仲裁机制改革的建议具有一定的创新性。本文从法学理论、实体、制度设计等多个维度讨论了国际投资仲裁正当性危机的缘起，提出化解国际投资仲裁正当性危机的实体问题的方案，并结合我国的实际情况给出化解正当性危机的实体问题的具体建议，具有一定的创新性与可行性。

第三，研究体例具有一定的创新性。本文将国际投资仲裁正当性危机化解中的实体问题具化为"国家利益与投资者利益"和"公共利益与私人利益"，重点探讨此两类利益的冲突与平衡，并以条约解释为中心对平衡的实现进行了路径设计。这一体例在一定程度上突破了现有研究的局限，有助于为国际投资仲裁正当性危机的化解提供新的视角和可能的方案。

第一章

国际投资仲裁正当性危机的缘起

  当下所实施的国际投资仲裁模式是根据国际投资立法以及国际投资活动发展演变形成的。本文研究的国际投资仲裁是指投资活动主体根据国际条约,对东道国进行的国际仲裁。在国际投资仲裁中拥有很多投资纠纷的解决方式,这些方式各具优劣。其中,广泛应用的是ISDS机制。它从政治化争端解决中"跳出来",引入了商事仲裁的因素,创新形成了ISDS模式。然而,在其商事转化过程中,忽略争端另一方东道国所代表的国家利益和公共利益,而侧重保护了投资者的利益,这引发了国际投资仲裁正当性危机。"正当性"一词源自法哲学,最初在中世纪的文件中有记载,用来表示某种秩序受到社会公众认可和忠诚的状态,以证明维持该秩序具有合理性和适应性。在法学领域,"正当性"应解释为一种法律体制或者法律制度如何树立其权威性以及人们是否对其认可、遵循和服从。国际投资仲裁正当性危机的本质是该机制由于在解决国际投资争端方面不胜任,引发了信任危机,缺失了实质正义。

第一节　国际投资仲裁正当性危机的表现

一、裁决不一致

　　多数学者提出,国际投资仲裁正当性危机的突出表现之一是国际投资仲裁裁决不一致。因各国制定的投资条约规则不同,解决国际投资纠纷的机制也不尽相同,导致了同案不同判的现象。仲裁庭在处理问题时也会有很多方式,这些裁决方式都有差异。作为仲裁工作者,他们是国际投资条约的解释者、国际习惯法的践行者。在与"一带一路"共建国家产生的国际投资纠纷案件中,也有不少案例出现了裁决不一致的问题。比如,在"SGS Société Générale de Surveillance S.A. v. Islamic Republic of Pakistan"案中,SGS公司与巴基斯坦政府签署了装船前海关验关服务协议,而在交易活动中,东道国巴基斯坦政府因SGS公司交易受贿因素,决定取消该协议。为此,SGS公司向国际投资争端解决中心(The International Center for Settlement of Investment Disputes,ICSID)申请仲裁。仲裁机构给出的判决是东道国巴基斯坦政府违反了投资协议的约定,但是不构成国际法上的违法。如果巴基斯坦政府违反了合同义务,同时也违反了国际法,那么就可以直接作出判断。但根据国际条约规定,ICSID却成为违反者的保护伞。外国投资者可根据国际投资仲裁机制申请救助,这表明巴基斯坦政府的确存在违反合同义务的事实,但是仲裁机构对巴基斯坦政府并无管辖权,为此,本案裁决结果并没有让原告满意。

　　在"Joy Mining Machinery Limited v. Arab Republic of Egypt"案和"Salini Costruttori S.p.A. and Italstrade S.p.A. v. Hashemite Kingdom of Jordan"案中,仲裁机构也是按照前一案例的做法执行。后来,在"SGS Société Générale de Surveillance S.A. v. Islamic Republic of Pakistan"案发生后的半年,SGS公司又一次因装船前提供海关验关服务协议,与菲律宾政府产生纠纷。SGS公司再次向ICSID申请仲裁,但此次仲裁庭给出的判决与之前完全不同。仲裁庭认为东道国政府违反合同义务,也就相当于违反了"菲瑞条约"的保护伞条款。另外,关于"Noble Ventures, Inc. v. Romania"案,仲裁庭也是按照这一模式处理的。后来,在"Toto Costruzioni

Generali S.p.A. v. Republic of Lebanon"案和"Pantechniki S.A. Contractors & Engineers v. Republic of Albania"案中,仲裁机构给出了不同的解释。这表明国际投资仲裁结果不一致问题比较突出。

确保裁决的一致性对于国际投资仲裁的公正性和权威性至关重要。然而,在执行国际投资仲裁活动时,主要依赖于仲裁机构及其成员的行为和能力,这些因素会直接影响仲裁结果,同时体现了仲裁机构的权威性和专业性。目前,ICSID 的裁决尚未形成统一的规则模型,裁决过程容易受到主观因素的影响,有时甚至会忽视国家的管辖权。裁决结果的不一致与裁决理由的多样性密切相关,因为裁决者拥有较大的自由裁量权,对规则和政策的理解和认知存在差异。裁决结果不仅影响投资活动,还可能影响东道国的国际形象。若不加以规范,这容易引发国际社会的矛盾。对于共建"一带一路"的国家中的大多数发展中国家的投资者而言,他们对国际投资仲裁机制持谨慎态度,裁决不一致问题进一步加剧了他们对这一机制的不信任,影响了他们的投资热情。因此,对于中国和共建"一带一路"的国家的投资者来说,设计一个合理且可行的国际投资仲裁机制是一个值得深入研究的课题。通过制定公正合理的裁决机制,保护各方利益,促进经济的可持续发展,这不仅符合"一带一路"倡议的精神,也有助于增强各方对国际投资仲裁机制的信心。

二、监管恐惧

监管恐惧是指对监管措施或监管环境的过度反应和恐惧心理。由于众多投资者和东道国对国际投资争端的担忧,他们之间可能会产生监管恐惧的现象。这种恐惧不限于环境、劳工、健康和安全监管,其影响范围更为广泛。监管恐惧的表现形式主要包括以下几点。一是预期恐惧。在起草法律规制时,制定者会预先考虑本国规制可能与国际条约或外国规制发生的冲突,以及可能引发的国际投资争端问题。因此,在设计和执行规制时,政府会显得犹豫不决,面临许多障碍和限制。二是具体恐惧。在设计规制时,制定者会考虑到某些条款可能与 ICSID 或其他投资争端解决机制(如 ISDS 机制)不一致,基于这些考虑,制定者会寻求改变规制。三是先例恐惧。政策制定者会根据已有的裁决来终止或改变法律法规。从近年来的国际投资仲裁案件来看,案件数量和涉及的标的总额都在不断增加。ICSID 已成为许多投资者的保护伞,他们一旦遇到国际投资争议,就会选择向其申请仲裁，以规制东道国政府的行为，从而保证自身投资利益最大化。正如斯里兰卡外交部法律专家所指出："斯里兰卡政府提出扩大解释政府管理措施，这可能会限制政策空间，影响管辖权，从而产生监管恐惧。如果这种趋势持续下去，从投资者的角度看，他们可能会申请国际投资仲裁以获得损失赔偿，这将使政府在管理上过于谨慎，公共利益也可能随时受到威胁。"2002年，印度尼西亚政府起草了关于露天采矿的规制法律，旨在保护采矿流程，减少对本国生态的破坏，并要求在保护区内开展作业，禁止在自然保护区内随意采矿。这样的规定影响了23家采矿企业，直接威胁到投资者的利益。如果外部投资强制政府调整规制，根据BIT，他们可以通过国际投资仲裁机制解决这一矛盾。经过印度尼西亚政府内部讨论后，将23个矿产企业所在的保护区调整为生产区，并将外国企业排除在执行范围之外。从这个案例中可以看出，政府的监管受到了极大的威胁和限制。同时，政府代表也曾公开表示："在国际投资仲裁中，本国政府并不占优势。"他们考虑到BIT的内容，非常担心投资者会利用这些条约来施压东道国政府。2014年，印度尼西亚政府宣布终止与中国、新加坡、法国和英国签订的BIT，并公开表示："本国不希望通过国际投资仲裁给发展中国家带来压力。"

三、透明度较低

透明度较低影响了国际投资仲裁机制的权威性，导致公众对该机制的信任度也越来越低。这种趋势可能会诱发国际投资仲裁正当性危机问题。在当前情况下，国际投资仲裁更像是商事制裁的手段，国际投资仲裁程序解决的是投资者与东道国的利益纠纷，突出了其保密性。由于国际投资仲裁具有保密性，因此仲裁活动都是非公开进行的。当启动了ICSID仲裁程序后，通常由秘书长公开申请信息，并明确程序终止期限，同时在国际投资仲裁过程中要求双方提交相关资料，并严格按照程序执行。公布国际投资仲裁结果及公开过程需要经过彼此同意才行。在仲裁过程中，提交的文件资料也不能随意公开。对于ICSID处理的案件，有近50%的案件都是经过投资者、东道国政府同意后才公开的，公开方式有网络公开、其他方式公开。在"一带一路"共建国家发生的国际投资仲裁案件样本中，已经庭审但无仲裁裁决的案件有13个，其中只有1个案件公开程序；在18件还没有结案的样本中，只有3个案例公开程序。对此，有不少学者提出，ICSID仲裁程序的保密性体现了它解决国际投资纠纷的有效性,去政治化,并坚持实事求是的原则。这样的保密性不仅提高了工作效率,还保障了投资主体的信息安全,维护了国家声誉。同时由于国际投资仲裁的保密性,很多投资仲裁活动是不允许第三方参与的,也就是与本次国际投资纠纷无关的主体不可参与其中。《解决投资争端国际中心仲裁规则》第三十二条第二款明确规定,公开庭审程序需要经过争端双方的同意。在获得同意后,仲裁庭可向非争端方提供书面文件,并可以听取非争端方给出的建议。与其他程序相比,在2006年之前,ICSID规定已经有了很多创新且发展趋势较好,但实施起来却没有那么理想。调研相关案件发现,允许非争端方参与仲裁程序,并为非争端主体提交书面资料的案例非常少;一些仲裁关键信息也被保密处理。

从根本上看,国际投资仲裁与商事仲裁是不同类型的仲裁程序,因为很多商事仲裁必须按照公平公正原则处理,且不公开仲裁结果。如前文所提及的国际投资仲裁因涉及公共利益、国家政策问题,而这些问题都是敏感性较强的,因此不会将仲裁过程和结果公开。人们很少关注多样化的商事仲裁,但是国际投资仲裁不同,它的仲裁结果直接关系人们利益,因此,人们会比较关注国际投资仲裁过程和结果。另外,国际投资仲裁还会牵涉到大额经济赔偿,对于那些发展中国家而言,这可能是一笔不小的开支,进而影响到本国的经济发展。仲裁保密性规则同样适用于商事仲裁,国际社会中也有不少仲裁案是公开进行的,但是作为常用的国际投资仲裁机制,ICSID仲裁程序透明度较低的问题仍需要解决,这也是人们最强烈的呼吁。

四、仲裁员选任及仲裁成本的问题

ICSID仲裁庭的权力源自争端双方的授权,其与争端双方的关系类似于委托代理。观察共建"一带一路"国家间的案件样本,通常情况下,仲裁庭由三名仲裁员组成,其中两名分别代表投资者和东道国,并由争端双方各自指定。另外,首席仲裁员可由ICSID指定。[①]在ICSID公布的裁决案例中,有5份案例显示争端双方对仲裁员的任命表达了不满。这些不满意见大多来自败诉方,因为在国际投资争

[①]共建"一带一路"国家间的案件有59个案件的仲裁庭以这种方式组成。

端的处理过程中,他们倾向于选择支持自己立场的仲裁员,以期获得有利的辩护。然而,当仲裁员并非由自己选择,而是由中心分配时,往往难以满足争端双方的期望。争端双方可能因对仲裁员的不信任而产生诸多疑虑。在这种情况下,由任命者指定的仲裁员在国际投资仲裁活动中可能会更倾向于遵循任命者的指示,这可能导致对裁决产生分歧。这些因素还可能削弱裁决的执行力,成为败诉方申请撤销裁决的理由。特别是败诉方的不同意见会更加明显,他们对国际投资仲裁的结果感到不满,对其公正性和合理性提出质疑,这也影响了国际投资仲裁机构的权威性。

ICSID 仲裁的成本远高于其他类型的仲裁,这不仅包括金钱上的开销,还包括时间的投入。从经济成本来看,一次 ICSID 仲裁的平均费用约为 400 万美元,某些案件甚至超过 4000 万美元。这些数据揭示了争端双方所承受的巨大经济压力,而关于如何分摊这些费用,目前尚无明确共识。通常情况下,败诉方需承担大部分费用。高昂的仲裁成本为许多投资者提供了保护伞,同时也成为对东道国政府的一种威胁。然而,在国际投资仲裁领域,也有投资者因无法承担高昂费用而放弃仲裁的情况。成本的高昂以及费用分摊的不确定性,确实对投资企业与东道国构成了威胁。尽管如此,一些资金雄厚的集团企业仍然倾向于利用国际投资仲裁机制来维护自己的权益。从时间成本来看,一次 ICSID 仲裁的平均时长为 48 个月,某些案件的仲裁时间甚至达数年。比如,"Hrvatska Elektroprivreda d.d. v. Republic of Slovenia"案的仲裁过程耗时长达十年。无论是对投资者还是东道国而言,国际投资仲裁的经济和时间成本都对仲裁结果产生了影响,进而引发了仲裁危机。

第二节　国际投资仲裁正当性危机的原因

一、仲裁庭管辖权的无序扩张

仲裁庭的管辖权是基于投资双方的共识而取得的。东道国同意投资仲裁或授权仲裁委托通常是通过条约来体现的。在实施仲裁之前,仲裁机构必须深入理解相关条约的内容,以确保其管辖权的明确性。条约的精确性和描述的详尽程度,将直接影响国际投资仲裁机构的管辖范围。通过审视案件可以发现,仲裁庭倾向于扩大自身的管辖权。

根据国际私法和仲裁实践,争端双方可以通过特别协定(Special Agreement)、协定条款(Compromissory Clause)或任择性声明(Optional Declaration)等方式,接受仲裁机构的管辖。对于条约文本的解释,又与仲裁机构的管辖范围密切相关。比如,在"Continental Shelf (Libya v. Malta)"案中,国际法院认为,法院在实施仲裁时不能超越其管辖权,同时法院还必须充分行使管辖权。再如,在"Territorial and Maritime Dispute between Nicaragua and Honduras in the Caribbean Sea (Nicaragua v. Honduras)"案中,国际法院并未支持洪都拉斯的立场,这从逻辑上讲,似乎与管辖权的主张相矛盾。然而,洪都拉斯政府认为,条约中已明确表达了"在确定海域接受法院强制管辖权时的意图"。由此可见,仲裁机构的管辖权必须明确界定,以便更合理地解释条约文本,综合考虑条约的目的、仲裁的价值以及当事国的意图,以获得合理且公正的仲裁结果。但是,投资仲裁庭在进行条约解释时,似乎没有受到相应的限制,往往会倾向于选择有利于其管辖权的解释结论。

国家授予仲裁机构管辖权的同时,通常会附加一系列条件。当案件符合属人、属事以及属时的管辖范围,并且满足了仲裁的前置条件时,仲裁庭便能明确管辖权。在属人管辖方面,双方当事人需依据投资条约,处理缔约一方的投资者与缔约另一方之间的关系。在属事管辖方面,争端条约涵盖了投资争端的范畴。在属时管辖方面,投资和争端必须在特定的时间框架内发生。在仲裁条件方面,前置条件是必须考虑的因素。若其中任何一项条件未得到满足,管辖权的确定便会受到影响。在实际的国际投资仲裁实践中,仲裁庭往往展现出管辖权扩张的趋势。

（一）扩张属人管辖范围

扩张属人管辖范围主要体现在"投资者概念解释扩张"。在众多国际投资仲裁案件中,司法机构甚至将那些名义上的空壳公司也认定为投资者。比如,"Saluka Investments B.V. v. The Czech Republic"案,Saluka是英国某公司全资控股的荷兰公司,为此,捷克政府认为Saluka在投资活动中仅是一个空壳,无权利用国际投资仲裁机制。如果仲裁机构接受其申请,那么就是对仲裁程序的滥用。然而,仲裁机构认为,尽管Saluka是一家空壳公司且与荷兰经济无实质联系,但它在荷兰成立的事实,使其在荷兰与捷克BIT下具备投资者身份。再如,"Tokios Tokelés v. Ukraine"案,Tokios公司成立于立陶宛,其几乎所有股份均由乌克兰国民持有。即便如此,仲裁庭仍然认为Tokios公司是立陶宛的投资者。

综上所述,仲裁机构的解释虽然没有超过文本解释,但是许多人对这些解释的合理性及其是否真正反映了缔约国的意图表示怀疑。如果允许空壳公司存在,并且它们能"选购"投资条约以保护自身利益,那么投资条约中提到的双边互惠性原则将遭到破坏。签署投资条约旨在保护缔约国的投资者,同时也保障东道国国民的利益。正如"Tokios Tokelés v. Ukraine"案的裁决结果所示,许多反对者认为投资仲裁机构的裁决不合理,这将为其他空壳公司提供可乘之机,破坏了国际投资仲裁机制旨在保护合理规范投资活动的意图。而该案的争议焦点是乌克兰国民与乌克兰之间的国内争端。然而,仲裁机构却批准了空壳公司的仲裁申请,这影响了合理仲裁的进行。在该案中,将空壳公司也视为投资主体,这种司法解释似乎过于牵强。

此外,值得注意的是,某些投资条约将自然人视为投资者,从而规避了空壳公司的问题。然而,仲裁机构对这些条款的解释却显得较为宽松,认为法人同样可以作为投资者。比如,在"Millicom International Operations B.V. and Sentel GSM S. A. v. Republic of Senegal"案中,申请人依据的投资条约为卢森堡与塞内加尔BIT,该条约第十条要求缔约一方应同意在其领土内投资的缔约另一方"国民"提出的关于投资争端的仲裁请求。尽管其第一条又指出,"国民"指的是具有缔约国国籍的自然人,但在该案的仲裁过程中,仲裁庭确认了第十条的有效性,并保护了投资者的利益,却未给出合理理由排除公司法人。最终,仲裁庭作出裁决,认为"国民"的定义不应受第一条的限制,而应按照一般性理解来处理。这表明仲裁庭对"国民"的解释已经超出了条约文本的字面意义,更接近于修改而非仅仅解释条约。为了防止投资者挑选有利的条约,一些缔约国提出了拒绝授惠条款,根据这些规定,缔约国有权不向空壳公司授予利益。但是,在"Plama Consortium Limited v. Republic of Bulgaria"案中,仲裁机构强调缔约国必须通过通知或宣告等方式公开拒绝授惠权利,并且需要补充说明其溯及力问题。而在"Yukos Universal Limited (Isle of Man) v. The Russian Federation"案的仲裁中,仲裁机构指出缔约国可拒绝给予的利益范围仅限于实体权利,不包括争端解决,因此,东道国拒绝授惠不会影响仲裁管辖权。这表明该条款的解释范围被明显缩小,与设立条款的初衷背道而驰。

(二)扩张属事管辖范围

关于"投资"概念的阐释正经历着扩张,主要体现在两个方面。第一,投资与资产被视为等同。比如,在"Petrobart Limited v. The Kyrgyz Republic"案中,仲裁机构根据双方签订的协议,将按约定价格销售产品的行为直接视为投资。由于该案是基于投资的定义来考虑的,它与金钱请求权相关,而争议合同涉及金钱请求权,因此合同约定的活动被视为投资。提供装船前海关验关服务协议和装船前检验认证服务协议也被认为是投资活动的一部分。无论是司法判决还是仲裁裁决,这些活动都是为了保护投资而启动的机制。执行胜诉判决裁决请求权也可以被视为资产。第二,投资与东道国领土的关系可以灵活处理。投资活动与东道国领土有关,根据投资协议的内容,投资应是缔约一方投资者在另一方领土内投入的资产。然而,在实际中,这些规定的效果并不理想。比如,在"Fedax N.V. v. The Republic of Venezuela"案中,尽管争端发生在委内瑞拉领土外,且是通过他人背书获得对委内瑞拉的本票,但这些情况并不影响领土范围内投资活动的性质。主权债券流动性高,可通过二级市场交易,但仲裁庭认为,如果在海外市场购买,那么主权债券活动将转变为东道国"领土内"的投资。

在国际投资活动中,投资的定义并不明确,许多人直接将资产视为投资。然而,从某些方面看,灵活处理投资与领土的联系是有道理的。作为法律概念,投资与贸易、金融等概念是不同的。比如,在资产投入、持续经营、预期收益等方面都存在差异。除非特别指明,否则销售合同、银行贷款活动不应被视为投资。根据仲裁机构的观点,任何经济活动都可能成为投资活动,如果没有这些经济要素,那么投资将失去核心灵魂。即便如此,将投资保护条约扩张为资产保护条约,并将其纳入贸易条约、金融条约中,这种逻辑和情理似乎并不恰当。

（三）扩张属时管辖范围

早期签订国际投资条约,主要目的是在征收补偿额争议发生时,能够依据条约进行处理。比如,"Tza Yap Shum v. The Republic of Peru"案,秘鲁政府认为,该案产生的征收补偿争议仅涵盖征收补偿数额问题,而投资者则认为其主张应涵盖所有征收相关事宜。再如,在"European Media Ventures SA v. The Czech Republic"案和"Quasar de Valores SICAV S.A., Orgor de Valores SICAV S.A., GBI 9000 SICAV S.A. and ALOS 34 S.L. v. The Russian Federation"案中,仲裁机构需对限制条款进行定量和定性分析,而对于"征收是否存在"这样的定性问题,仲裁机构能够作出判断。然而,在早期的一些案件中,仲裁结论却与之相反。比如,在"Vladimir Berschader and Michael Berschader v. Russian Federation"案中,仲裁庭提出征收争端应依据条约,通过国内司法机构解决。只有当东道国承认或通过法院等程序明确征收的存在后,有关征收补偿数额的争议才能启动国际投资仲裁机制。比如,"RosInvestCo UK Ltd. v. The Russian Federation"案,仲裁庭面临英国希望广泛仲裁与俄罗斯希望限制仲裁的对立要求,如何平衡这两者,实属不易。

"Helnan International Hotels A/S v. Arab Republic of Egypt"案依据丹麦与埃及BIT第十二条进行裁决,该条规定:"本协定不适用于在其生效前产生的任何分歧或争端。"仲裁庭区分了分歧与争端的概念,认为分歧可能引发争端。根据该规定,协议生效前的争端不适用本协议,但协议生效后转化的分歧则适用。该规定的明确用语并未为结论留下太多解释空间。其解释是合理且自然的,因为无论是分歧还是争端,只要发生在协议生效前,均不在协议的适用范围内。然而,仲裁机构提出了分歧可能转化为争端的观点,这一解释显然超出了文本的字面意义,并未获得人们的普遍认同。另外,在"SGS Société Générale de Surveillance S.A. v. Republic of the Philippines"案中,仲裁庭认为瑞士与菲律宾BIT适用的前提是合同生效,但仲裁庭有权管辖持续的违约行为。与前述案例的处理结果不同,仲裁机构认为,无论是在条约生效前还是之后,争端都属于一个连续的争端整体,如果一方确实存在违约行为,那么投资争端将持续存在。按照这种逻辑,在投资仲裁的管辖权中也应包括条约生效前的争端。换句话说,即使一项投资争端产生于条约生效前,仲裁庭仍可能通过贴标签、切割、捆绑等手段,确立对该投资争端的管辖权和审查权。

二、仲裁庭的纠错机制缺失

国际投资仲裁一裁终局制度的本意是提高争端解决效率,但是在仲裁庭事实认定错误、法律适用偏差等情形下,由于不存在适当的纠偏机制,国际投资仲裁的公正性往往受到影响。仲裁裁决不一致并不代表国际投资仲裁裁决错误。如果有一个运行良好的纠错机制与监督机制,那么就可以及时发现国际投资仲裁裁决错误,并及时纠正,从而规避裁决不一致的危机,实现规范合理的 ISDS 机制适用。从实践情况来看,ISDS 机制并无有效纠错机制、监督机制。目前,国际投资仲裁机制主要是以 ISDS 机制为主,并为保障良好运行,还专门增设了 ICSID 撤销程序制度、国内法院司法审查制度等。考虑到这些制度本身也有不足,加上审查范围有限,所以这些制度在国际投资仲裁中的监督作用也不明显。比如,ICSID 撤销程序制度是专门纠正 ICSID 错误裁决设立的制度。《解决投资争端国际中心公约》第五十二条第一款规定:"任何一方可以根据下列一个或几个理由,向秘书长提出书面申请,要求撤消裁决。①仲裁庭的组成不适当;②仲裁庭权限显然超越其权力;③仲裁庭的成员有受贿行为;④有严重的背离基本程序规则的情况;⑤裁决未陈述其所依据的理由。"《解决投资争端国际中心公约》第五十二条第三款规定:"主席在接到要求时,应立即从仲裁小组中任命一个由三人组成的专门委员会。委员会的成员不得为作出裁决的仲裁庭的成员,不得有相同的国籍,不得为争端一方的国家的国民或其国民是争端一方的国家的国民,不得为上述任一国指派参加仲裁员小组的成员,也不得在同一争端中担任调解员。委员会根据第一款规定的任何理由有权撤消裁决或裁决中的任何部分。"根据上述规定可以看出,ICSID 撤销程序制度主要审查的是程序错误,即便启动审查,原裁决也不会受到根本性影响或改变。对于事实认定错误和法律适用错误,撤销委员会则无法撤销,亦不能擅自修改决策。此外,ICSID 撤销程序制度的适用范围有限,仅适用于《解决投资争端国际中心公约》下的案件,而不适用于《解决投资争端国际中心附加便利规则》以及《联合国国际贸易法委员会仲裁规则》下的案件。统计数据表明,在基于"公约"提交的仲裁案件样本中,仲裁裁决被全部或部分撤销的案件比例极低,而拒绝撤销申请的案件数量却持续上升。这些数据揭示了 ICSID 撤销程序机制对投资仲裁活动的实际影响有限,其审查范围和适用范围均受到较多限制,且审查制度本身亦存在诸多问题。比如,程序效率问题。《解决投资争端国际中心公约》

提及了撤销申请的时间限制,但对撤销程序的时间并无明确限制。《解决投资争端国际中心公约》第五十二条第六款规定:"如果裁决被撤消,则经任何一方的请求,应将争端提交给依照本章第二节组织的新仲裁庭。"即一旦裁决被撤销,当事人可重新申请国际投资仲裁,且申请次数不受限制。在这种情况下,仲裁结果可能与原裁决相同,撤销制度因此失去了其保护和监督的意义。这种循环往复不仅消耗时间,影响国际投资仲裁的效率,还会无形中增加成本。

启动撤销程序会延长国际投资仲裁周期,导致案件处理起来动辄三五年,甚至可以达到十年之久,这样的案例比比皆是。比如,1981 年至 1988 年间处理的"Klöckner Industrie-Anlagen GmbH and others v. United Republic of Cameroon and Société Camerounaise des Engrais"案和 1981 年至 1991 年间处理的"Amco Asia Corporation and others v. Republic of Indonesia"案。这些案例都说明了 ICSID 撤销程序制度对于仲裁错误纠正、监管的效果并不显著,反而还会引起很多机制的运行危机,导致国际社会不再信任国际投资仲裁机制。

除了对错误裁决的纠正监督之外,国际投资仲裁也会对裁决执行过程进行监督。比如,国内法院会依据国内法、投资条约或国际公约等对仲裁裁决进行审查,并根据审查结果确定裁决结果。如果存在问题,则不承认裁决结果,从而重新进行国际投资仲裁。对比可以看出,无论是国际投资仲裁监督机制,还是传统投资仲裁监督纠错机制,实际上都是对"程序性错误"的纠正,其产生的效果无非就是个别仲裁裁决撤销或拒绝承认执行。然而,对于仲裁决策的事实问题或法律问题的错误,这些机制却没有办法纠正。相对于程序性错误而言,法律错误或事实错误是影响最大的。这也说明了现行的纠错监督制度本身存在"先天不足"的问题,影响了国际投资仲裁的监督与纠错效果。

三、国际投资仲裁实体利益失衡

从国际投资活动发展现状看,投资领域出现了翻天覆地的变化,从之前的资金单一流向逐步向资金、人才、技术等多维度流向转移。因此,对于一个国家而言,不能简单地将它视为资本输出国或资本输入国,很多时候它还兼具多重身份。ISDS 机制的需求设计主要考虑了对私人投资者利益的保护,忽略了国家利益以及公共利益。这导致国际投资仲裁机制成为投资者权益的保护伞。因此,在实践应用中应该考虑对国际投资仲裁机制加以限制,从而均衡好投资主体、东道国的利益。欧盟提出从根本上改革 ISDS 机制,这样可以缓和国际投资利益纠纷以及国际投资仲裁不公的情况。虽然这样的想法很不错,但是实践起来还是阻碍重重。

(一)国家规制权界定模糊

国家规制权是从国内法角度提出的,它是指在某一国领土范围内进行政治、经济、法律管制的自由。它是基于国际投资立法视角提出的特定概念,但是目前尚未形成一个权威统一的规制权解释。从国际法的视角看,规制权是国内法规定的。规制权是国家权力的一个组成部分,并不需要贸易或投资条约的授权。

近期新缔结的国际投资条约对东道国规制权进行了充分的关注。比如,《欧盟-越南自由贸易协定》中总结了规制权主要涉及的领域有公共健康、安全、环境、道德、维护公共秩序、消费者保护以及文化多样性等,即便有了合理政策进行规制,这样的解释范围也不能全部覆盖规制权。如果在国际投资条约中加入规制权内容,但没有定位其边界范围,那么依然会给国际投资仲裁机构留下自由裁量的空间。仲裁庭各种带有偏向意见的解读都会影响到规制权范围判断。同时还会出现这样的情况:仲裁庭反复援引规制权,以回应投资者的损害赔偿要求,从而加大东道国的赔偿额度,这对于国家利益与公共利益无疑是增加了一层负担。这也与最初设计 ISDS 机制的初衷相悖。

(二)国际投资仲裁庭缺乏便利性

欧盟设计了投资法庭制度(Investment Court System, ICS),它主要由初审法庭和上诉法庭组成,其成员由缔约国选出或指定。ISDS 的宗旨在于消除国际投资争端的政治化倾向。在 ISDS 框架下,解决的主要是投资者与东道国之间的利益冲突,而这些冲突和纠纷往往根源于经济活动。因此,在仲裁庭的人员构成上,原本是可以彼此按照自治意愿选择合适仲裁人员,但是经过改革后,人员配置变成了固定模式,灵活自主的选人机制转变为单一法院制度。尽管上诉机制有助于避免裁决不一致的问题,但它无形中提高了国际投资仲裁的成本,包括费用增加和时间延长。这使得国际投资仲裁庭的建立缺乏便捷性,无法及时解决东道国与投资者之间的争端,反而增加了仲裁双方的成本和压力。

(三)对东道国国家利益和公共利益漠视

外交保护模式下的争端均是由投资者母国去解决的,这导致国际投资纠纷很容易演变为国家间纠纷。当投资者利益的考量值低于国家公共利益时,为保障国家利益,个人利益不得不牺牲。因此,投资者不仅与东道国存在博弈,还会与投资者所在国产生博弈。在这样的情况下,争端解决机制容易出现政治化危机。为解决上面的问题,ISDS机制应运而生。它解决了投资争端解决机制的"去政治化"的问题,同时也减少了国家与国家之间的矛盾。

国际投资仲裁中ISDS机制的正当性危机主要反映在国际投资活动中实体利益的失衡,利益失衡的主要成因有:第一,国际投资条约内容忽略了东道国权利保护;第二,国际投资仲裁实施的仲裁机制重视投资者利益保护,具有浓厚的私法色彩,而对国家利益和公共利益的处理则相对冷漠。鉴于国际投资仲裁要么损害东道国的公共利益,要么违反ISDS机制"去政治化"的目的,通过利益失衡到利益平衡转变,才是改革的核心。欧盟在对ISDS机制改革的活动中,为均衡利益关系还对商事仲裁机制引发的失衡状态进行了调整,并对投资条约进行了创新,如明确国家规制权、规范仲裁组织的自由裁量权、完善ISDS机制透明规则等,以此均衡投资主体与东道国的利益,减少国际投资仲裁不一致性。当然,任何一项改革都需要付出很多努力,也需要经过时间与实践的考验,才能确认是否有效。同时,改革自身也存在不足,比如,国家规制权范围并没有确定,很容易重蹈以前的正当性危机;投资法庭便利性不足,国家重新被拉回仲裁舞台中;国际投资仲裁机制性质发生改变;等等。虽然欧盟的改革机制存在不足,但是不可否认的是,欧盟的改革,缓解了ISDS机制的正当性危机,还为其他国家改革ISDS机制提供了范本,这些都是值得我们反思与研究的。

第二章

实体问题对国际投资仲裁正当性危机化解的突围

在长期发展中,国际投资仲裁正当性危机引起了学术界和社会各界的高度重视与关注,为了发挥国际投资仲裁的作用与价值,世界各国均需要对其有关的程序或者是规则等进行逐步优化和调整。然而,在实践案例中,国际投资仲裁主要的侧重点往往放在投资者利益上,在不影响投资者权益保护的前提下,想要使这种现状得到改变,就必须从一个更为全面的角度来制定完善的立法模式。若在争端解决环节,投资者手中掌握的抉择权较多,则可能会导致仲裁过程中投资者出现权力滥用的情况。久而久之,国际投资仲裁所开展的一系列审查活动或者是干预活动等,都会对东道国国家利益和公共利益保护带来一定的影响。从本质上而言,这样的举动虽然对推动国际投资的良性发展,合理建立市场壁垒,有着非常重要的现实意义,但是,在国际投资条约中对投资者过度赋予救济权必然会影响到东道国现行法律的实施情况。基于此,想要使国际投资仲裁正当性危机得到妥善解决,除了关注程序表面以外,还必须围绕国际投资仲裁正当性危机中的实体问题着手分析和解决。

第一节 程序问题对国际投资仲裁正当性危机的部分化解

从国家和投资者两者出现的争端问题角度来讲,现行的解决方案主要是以ISDS机制为核心。可是,这种方式是否能够让此类问题得到妥善解决呢?这点还需引起高度重视和关注。目前,在美国等国家,ISDS机制已经遭受立法者的质疑,具体表现在七个方面:一是透明性非常差;二是成本非常高;三是仲裁庭不独立;四是对国家主权或者是国家管理权限等会产生一定的损害;五是投资者权力滥用;六是裁决不一致;七是上诉机制尚未得到健全和完善。因此,ISDS机制只有通过逐步优化和革新,才能最大限度地提高自身在争端问题解决环节中的权威性和公信力。

一、透明度的改革

2014年4月1日生效的《贸易法委员会投资人与国家间基于条约仲裁透明度规则》(以下简称《透明度规则》)从国际层面提出了国际社会对国际投资仲裁透明度改革的诉求。这是国际层面就国际投资仲裁改革达成的重大共识,并将依托《毛里求斯透明度公约》进行持续推广。《透明度规则》明确规定,在国际投资仲裁中,除另有规定外,应向人们公开的文件材料包括仲裁通知、对仲裁通知的答复、申请书、答辩书以及任何争议方提交的任意阶段性书面陈述材料,审理笔录,仲裁庭的命令、决定、裁决。这些材料几乎覆盖了国际投资仲裁程序的始终。同时,《透明度规则》还对第三人提交材料和非争议缔约方提交材料的内容作出了规定。《透明度规则》无疑是目前对国际投资仲裁透明度要求最高的文件,也为今后国际投资仲裁透明度的改革提供了蓝本。

二、降低仲裁成本

目前ICSID、ICS、《跨大西洋贸易与投资伙伴关系协定》(*Transatlantic Trade and Investment Partnership*,TTIP)在降低国际投资仲裁成本方面都进行了较大的尝试。

ICSID 侧重于通过明确仲裁费用的分配制度达到降低仲裁成本的效果。根据《解决投资争端国际中心公约》规定,仲裁庭对仲裁费用的分配有完全的自由裁量权。在 ICSID 早期案件中,仲裁庭倾向于平均分配仲裁费用。近年来,仲裁庭在分配费用时会更多考虑当事方在仲裁中的行为以及案件的事实。在新一轮的改革中,ICSID 列举了仲裁庭分配仲裁费用的指导因素,包括案件的结果、仲裁程序中争端方的行为等。在缩短仲裁时间成本方面,ICSID 新一轮的改革细化了对时限的要求:如果仲裁庭认定所有请求明显缺乏法律依据,则应在最后一次书面陈述或口头陈述提交后的 60 天内作出裁决;如果仲裁庭认为争议不属于中心的管辖范围或因其他原因超出了其权限,则应在 120 天内作出裁决;如果是在其他情况下,则应在 240 天内作出裁决。另外,争端方提交的费用陈述不能被算作最后提交的陈述。

ICS 在降低成本方面的最大创新点是简化了原有的复杂程序,并新增了一项程序终止时间。这一改变提高了争端问题解决环节的速度和效率,实现了成本上的有效控制。

TTIP 降低成本的核心在于确立管理费用的上限,允许 TTIP 谈判者为管理费用设定一个最高限额。按照 ICSID 制定的要求,在谈判者提出请求的情况下,仲裁员每日可获得的最高费用得以明确,这表明费用上限的设定确实发挥了作用和效果。从投资条约的角度来看,TTIP 设定的某些限制条件不仅能够最大限度地控制行政成本,还能有效减少仲裁员在决策过程中可能出现的腐败或受贿行为,从而提升仲裁员在实际办案过程中的公平性和公正性。

三、监管保障措施

在投资条约的谈判过程中,为了维护自身利益,谈判者通常希望保留 ISDS 机制。为此,谈判者必须设计出一套有效的方案,以增强缔约国的信心。这种方案的构建通常基于一个原则:在解决投资者与国家之间的争端时,不应损害国家现有的监管权力。换句话说,投资协议文本中必须明确指出,缔约国在社会环境和健康等公共利益问题上拥有实施监管措施的权利。尽管目前对于如何重申监管规则尚存争议,但可以参考贸易技术壁垒协议等国际文件所制定的标准,确保语言表述的透明度和公开性。此外,协议中应明确指出,如果投资者提出的诉讼不符合法律规定的合法政策目标,那么这些诉讼请求将被直接驳回。因此,建立以零容忍为核心的一系列预防和控制措施,不仅能够提高各国对条约的接受度,而且能有效防止投资者滥用诉讼。

四、建立上诉机制

当前,国际社会针对ISDS机制的改革提议已被纳入现行的BIT中。尽管如此,为了持续确保ISDS机制的核心作用,在ISDS机制内寻找一个有效的上诉机制变得至关重要。本质上,上诉机制相当于上诉审查制度的一种。欧盟在与美国就双边投资关系签署协议时,主张建立ICS。按照ICS的要求,如果国家利益能在上诉法庭的法官选举中发挥作用,那么这种作用将不可避免地损害上诉法庭的公平性和公正性。鉴于BIT旨在解决缔约国与私人投资主体之间的矛盾,审判庭中的缔约国可以对仲裁员的选择施加影响。在实践中,这样的审判庭难以保持中立,尤其是当仲裁员受到国家文化传统的影响时,中立性更是难以保证。此外,根据现行的双边协议文件,未来起草的双边文件将不允许投资者参与。

从多边投资争端解决机构的上诉法庭视角来看,其应用的评估标准完全可以依照《国际刑事法院罗马规约》所确立的准则。将MAI与投资法庭相结合,通过这种方式扩充法庭成员的规模,一方面,能够提升法官选举过程的公正性和透明度,另一方面,还能降低利益冲突和矛盾。此外,在法官的任命过程中,尽管各国都拥有一定的任命权,但法官任命的现状不仅会影响候选人的选举结果,还可能加剧东道国在制定选举决策时受到的投资者游说压力。同时,法庭的管辖权在某些因素的干扰下可能会受到显著限制,这与国际刑事法院的裁决活动存在一定的共通性。比如,当投资者与国家之间出现争议时,双方进入仲裁程序之前,法院可能会决定让双方先行协商解决。

国际投资上诉法庭在解决投资者与国家间的争端时,应当确保裁决结果拥有较高的一致性或可预测性。在争端解决过程中,国际投资法体系所获得的解决经验或解决方案对于进一步完善和健全投资规则法理有着一定的帮助。比如,在最惠国待遇方面制定的待遇范围;对不公平待遇给出的解释和定义。另外,如果国际投资法体系能够满足透明性和公平性要求,那么国际投资法体系在整个社会中的认知程度必然会不断增加。同时,上诉机构采取的裁决方式能够为仲裁庭拥有超强的约束力提供最大保障。然而,如果法院的裁决与法院指导原则之间存在冲突,那么仲裁裁定有被撤销或取消的可能性。

在上诉审查过程中,如果国家和投资者放弃上诉的权利,多边上诉法庭的潜在先例价值将不可避免地逐渐减弱。因此,如果法官希望提升这一价值,他们可能会调整自己的决策意见,以强化法院本质上所具有的连续相关性。尽管关于这些问题尚未有确切答案,但可以确定的是,其影响相对较小,具体体现在以下几个方面。第一,如果多边上诉机制所制定的要求具有全面性和透明度,那么现有的不完善的仲裁决定将得到明确。尽管这可能会影响某些主体,但为了确保争端得到公平公正解决,并减少仲裁员可能带来的风险,这种做法显然是必要的。在实践中,法律体系的完善度和透明度越高,就越能帮助避免仲裁员作出不公的裁决。第二,在裁决形式上,无论是东道国还是投资者,都倾向于支持可预测性较高的方式。因此,在处理投资者与国家之间的争端时,如果法院展现出较高的公平性和公正性,争议双方通常会倾向于信任其裁决。

在审议上诉改革或多边上诉法庭改革时,公众的关注点通常集中在两个核心方面:时间效率和政治意愿。就时间而言,人们担忧的是拟议的改革是否能在谈判过程中迅速完成所有程序。为了确保透明度并降低费用,只要缔约双方在国际投资条约中作出相应承诺,该条约便能迅速进入谈判阶段。至于政治意愿,许多谈判者一致认为ISDS机制必然会实现改革,且未曾考虑过会有相反意见的现象出现。近年来,ISDS机制逐渐吸引了人们的广泛关注。比如,在TTIP签订过程中,任何政治人物提出个人观点或建议都可能引发人们舆论的强烈反响。再如,德国法官协会早在2016年就对ICS提出了异议,认为"这种制度的存在既缺乏法律基础,也不切实际,无法满足实际需求",并质疑"为特定诉讼群体设立的特殊法庭有何存在的意义"。因此,即使谈判者试图以新的方式重新命名ISDS机制,但受到政治意愿的影响,此类尝试注定会以失败告终。

第二节　实体问题在国际投资仲裁正当性危机化解中的意义

根据法学基本理论,国际投资仲裁的实体问题是指直接关系投资者和东道国实体权利义务的法律问题。在国际投资仲裁面临正当性危机的背景下,国际投资仲裁的实践主要涉及国家利益(国家主权和国家安全问题)和公共利益(环境保护和人权保护问题)。国际投资仲裁正当性危机长期以来受到理论和实务界的广泛关注,现有的研讨更多的是从程序问题入手进行优化和改革,这能在一定程度上起到对国际投资仲裁制度修正的作用。然而,要使国际投资仲裁更好地摆脱正当性危机的困扰,实体问题的症结则必须引起重视。

一、弥补程序问题修补的不足

虽然针对程序问题进行的修补在化解国际投资仲裁正当性危机中发挥了一定的作用,但是若仅仅依赖于程序上的改革,无论是在现有规则上进行小修小补,还是大动干戈地建立新的机构和机制都只能有限地化解正当性危机。国际投资仲裁正当性危机重要的化解途径,是通过探索引起国际投资仲裁正当性危机的实体问题,并在程序修补中加入实体问题的考量。只有解决实体问题与程序修补相互补充,国际投资仲裁正当性危机才能得到有效化解。

(一)弥补国际投资仲裁中实体利益的失衡

国家主权原则是国际经济法的重要原则。其中,自然资源永久主权、经济自决权和国家发展权均属于世界各国的自有权利。各国在国际习惯法和条约法中都有义务保护自然资源等公共利益的相关政策。尽管这可能导致境外投资者遭受损失,但各国仍为了保护自然资源和遏制环境污染而出台管理举措。传统国际投资法主要以国家利益和私人投资者利益为导向,反映了在国际投资条约和国际投资争端解决过程中,国家和国家之间的利益权衡与博弈,特别是发达国家与发展中国家之间的利益冲突和争夺。在这一过程中,国际投资法往往凸显大国利益的至高无上性,同时旨在适应新的全球经贸秩序的需求。在传统国际投资条约体系中,国家和社会的权利义务未能实现统一,与一般公民紧密相关的社会公共利益也未得到充分保护。许多有关社会公共利益方面的问题,比如人权保护问题、环境保护问题等,在传统国际投资条约中都不能得以明确地表达,导致社会公共利益遭受侵害,而得不到司法救济。同时,随着国际投资纠纷的解决,东道国行使的国家规制权也受到了制约和剥夺,并对国家主权和国家安全利益造成了不同程度的侵蚀。环境保护问题、人权保护问题、国家主权问题和国家安全问题属于实体问题的范畴,而传统国际投资仲裁程序的修补对于正当性危机只能起到部分化解的作用,并不能完全消除。只有解决触及投资双方根本利益的实体问题,才能更深层次地处理和化解正当性危机。

(二)修正国际投资仲裁中实体规则的不足

实体规则的不足体现在国际投资条约的条款规定缺失或者条款模糊。在一些国际投资条约中,一些涉及实体利益的条款或程序性条款规定比较含糊,仲裁员在依据国际投资条约的条款进行解释时,采用的方法不同,考量的利益不同,通常会得到不同的结果,从而导致仲裁裁决出现不一致的情况。对于同一条款的相同规定,仲裁庭也会作出不同的解释,如阿根廷关于国家安全抗辩的解释;同样的事实出现不一样的仲裁结果,如在针对不同投资者基于同一事实而申请的平行诉讼程序中,不同仲裁庭作出了不同裁决;对不同公约中的同样的术语界定,仲裁庭也可能进行不同的解释,如关于最惠国待遇是否适用程序性的事项,仲裁庭对此的看法不一。从权利义务的相称性来看,条约只规定了投资者的权利,而并没有规定其应履行的义务,从而使国家的规制权受到限制。因此,这些暴露在程序中的问题说到底是实体规则的问题,只有从实体上修正这些规则的缺失和模糊,才能从根本上弥补程序性问题的不足。

二、平衡国际投资仲裁中的实体利益

从国际投资仲裁实践来看,越来越多的投资者开始基于国际投资条约主张自身的权益,而条约中对东道国的权益和投资者所应履行的国家权益与社会权益保护的责任并没有涉及,这造成了国家主权、国家安全、环境保护、人权保护等实体利益的缺失。在依据国际投资条约进行的国际投资仲裁中，由于仲裁庭裁量的依据为国际投资条约，利益失衡问题便被纳入国际投资仲裁中，这映射出国际投资仲裁中的国家利益与投资者利益、公共利益与私人利益的严重失衡。

国际投资仲裁正当性危机产生的主要原因之一是实体利益的失衡。实体利益失衡的主要原因有两点。一是国际投资条约漠视东道国国家利益和公共利益。从国际投资条约看，条款的设置只赋予了投资者各项权利而没有约定投资者应该履行的义务。另外，国际投资条约对国家的权利却没有涉及。二是国际投资仲裁庭对投资者的倾向性保护。仲裁庭裁量的依据是国际投资条约，而条约中的国家和投资者利益的失衡务必会将这种影响带到仲裁中。由于ISDS机制受到国际商事仲裁的影响，它把国家和投资者定义为公平的商事主体，既注重维护私人利益，又强调诉讼的保密性，并坚持一裁终局，以减少司法干扰。但是，国家和投资者之间的投资争端往往牵涉的不仅是私有财产还包括国家利益、社会公共利益等。随着全球经济的迅猛发展，许多国家都已经兼具了资本输出国和资本输入国的双重身份。这就要求ISDS机制从忽略国家权利而只为投资者提供权益保障转变为在保障投资者权益的同时还必须关注国际投资仲裁中的实体利益平衡，即对ISDS机制进行适当的限制和相应的改革，以平衡国家利益与投资者利益、公共利益与私人利益。

国际投资仲裁的发展受到了实体利益失衡的严重阻碍，导致了信任危机的产生。以国际投资仲裁的管辖权为例，如果仲裁庭忽视东道国关于管辖权的建议，将本不属于其管辖范围的投资争议纳入其中，可能会侵犯东道国的主权。从东道国公共利益最大化或东道国政府为保护公共利益而行使国家规制权力的角度来看，外国资本的输入实际上可能是投资方母国将重污染、高能耗、低回报等项目转移至资本输入国，这些行为实际上对资本输入国的公共利益造成了巨大损害。另外，国际投资条约通常包含最惠国待遇、公平公正待遇、国民待遇等条款，却缺少投资者应履行的义务条款。其条款往往会成为投资者对东道国提起诉讼的工具，而投资者的义务主要由东道国国内法来规定，这容易导致实体利益失衡。随着国际投资的持续发展，国际投资法本应为双方创造合作共赢的良好环境，但实际上，现有的国际投资条约限制了各国在经济事务上的自主权。因此，要化解国际投资仲裁正当性危机，必须从实体问题入手，对国际投资仲裁进行改革，以实现国家利益与投资者利益、公共利益与私人利益之间的平衡。

三、推动国际投资条约的发展

自20世纪90年代至21世纪初,投资自由化经历了迅猛的扩张阶段。然而,其负面效应逐渐引起发达国家与发展中国家的广泛关注。美国BIT范本(2004)的推出,标志着新一代投资政策的诞生。该政策的核心在于,在吸引外资和实现投资利益的同时,兼顾经济增长与可持续发展。这一转变基于国际投资仲裁中实体利益平衡的需要,并反映在国际投资条约的修订上。具体表现为:一方面,条约内容趋向精细化;另一方面,在国际投资条约的缔结过程中,以平衡实体利益为目的的新型条款不断涌现。

(一)条约内容精细化

国际投资条约内容的模糊性给予仲裁庭较高的自由裁量权,特别是在实体条款设置时,过于宽泛的定义和大量的兜底条款,是导致仲裁庭裁决不一致等问题的重要原因。近来,国际投资条约实体规则出现了明显精细化的发展趋势。比如,在CETA和TTIP中,对于公平公正待遇、间接征收、一般例外等实质性规则条款,相较于之前的国际投资条约中的相关条款,进行了进一步阐释和澄清,从而推动了国际投资条约的发展。

(二)新型条款

环保、人权、公共健康等公共利益近年来在国际投资条约中受到广泛关注,国家或组织在国际投资条约的缔结和谈判时,认为东道国吸引外资不能以牺牲东道国国内环境、人权等公共利益为代价。这在近年来新缔结的双边或区域国际投资条约中得到了回应。比如,在加拿大与秘鲁签订的自由贸易协定(Free Trade Agreement,FTA)序言和正文中均含有环境保护条款;欧盟近年来签订的FTA中也对社会公共利益和可持续发展给予了充分的关注。美国BIT范本(2004)序言中提出了对这些公共利益的关切,强调希望通过采取与保护本国公民应当享有的健康、安全和环境权利以及推动国际认可的劳工保护标准相一致的方式实现投资目标。随后,美国与日本、芬兰、瑞典、荷兰等国家签订的BIT,延续并深化了其2004年的BIT范本中对公共利益的保护。2012年,美国修正了新的BIT范本,重申并具体化了环境保护和劳动权利问题。除了这些具体的条款,国家或组织通过设定符合东道国法律规定的条款和例外条款,进一步强化了东道国的规制权。

1.投资符合东道国法律

观察近年来新签订的国际投资条款,在对适格投资的界定中通常会加上"符合东道国法律"的限定,将不符合东道国需求的外国投资通过本国法律排除在外,这在客观上起到了筛选适格投资的作用。相较于投资自由化时代宽泛的投资定义,近期,在国际投资条约的实践中,"符合东道国法律"这一条款强化了国家规制权,甚至将一些敏感投资排除在外。比如,德国BIT范本(2008)中将主权财富基金排除在适格投资之外。

2.设置例外条款

例外条款是东道国行使规制权的重要"兜底"条款,其主要功能是设置一个安全阀,允许在一定条件下,即便缔约国未履行义务并做出了伤害外国投资者利益的行为,也可以获得豁免。从国际投资条约的实践来看,近期的国际投资条约对例外条款的设置更加多样化、具体化。从国际投资仲裁的实践来看,越来越多的国际投资仲裁案件显示,东道国通过熟练地运用例外条款,避免了相应责任的承担,也为东道国国内法律保留了足够的政策灵活性。

第三节　以实体利益平衡为中心的化解方案

现如今,对国际投资仲裁程序进行有效革新与调整,虽然能够改变仲裁程序以往出现的问题,但是,想要使以往仲裁程序重视投资者权益这一观点得到转变,就必须以投资条约为核心,采取极为严格的方式进行立法。若投资者手中拥有的权利过大,则必然会出现滥诉现象,严重的更会影响到国际投资仲裁在国际社会上的公信力。同时,这种现象还会对东道国各项合法权利的行使带来一定的影响。与政府进行的投资行为相对比,在实践中,投资者可能会为了扩大自身现有的利益,做出侵害其他利益的行为。

一、国际投资仲裁中实体利益平衡的基础

在 BIT 中,利益平衡作为其重要的缔约基础,拥有明显的法理特性。从现代法律制度角度来看,其主要遵循的原则是对投资者拥有的私有财产权提供有效保护,以此促进社会的和谐与稳定发展。然而,从国际投资仲裁角度来看,其主要的作用是以平衡的方式维护双方主体的利益,即投资者和东道国的利益。

(一)投资者私有财产权利

自私有财产所有权有关的法律制度正式诞生后,这种制度就有着非常明显的"普世价值"。在人类文明的演进历程中,任何文明的起源与发展均根植于财产与正当性之间的关系。因此,在私有制确立之后,私有财产权才逐步形成并得到相应的发展。亚里士多德竭尽全力捍卫其私有财产,认为私有财产本质上具有自然法的属性,是提升人类生活品质与福祉的关键基础。私有财产权的确立对人类社会的发展以及社会进步均发挥了不可忽视的作用。鉴于私有财产的重要性,它逐渐被纳入众多法律政策与法规的制定标准之中。以我国为例,早在2004年,我国对《中华人民共和国宪法》进行了修正,其中明确指出:"公民的合法的私有财产不受侵犯。""国家依照法律规定保护公民的私有财产权和继承权。"基于此,在国际

社会中,增强对投资者私有财产的保护力度,需要利用国际投资仲裁的方式来实现,这种方式不仅是法学理论的核心构成,更是现代法理学的重要基础。

另外,以国际投资仲裁作为核心来为投资者拥有的私有财产权益进行保护,不仅有助于推动国家与国家间的经济发展,而且更有利于增强国与国之间的友好合作关系。同时,更是实现国际社会和谐发展的重要保障。从外国投资角度而言,国外企业或者是其他主体所采取的一系列投资方式,如间接参股等均能为本国企业解决资金问题提供一定的帮助。一方面,在外资注入后,本国企业能够在短时间内实现快速扩张,企业扩张后还能解决本国现有的劳动力安置问题;另一方面,外资投入对提高本国经济发展和社会福利等均有着一定的帮助。因此,以国际投资仲裁为核心对外国投资者享有的合法权益进行保护,显然有着非常大的实践意义和现实意义。

(二)东道国利益

在资本主义萌芽时期,诸多启蒙思想家一致表示,私有财产有着不受侵犯的至高权利。在垄断型资本主义时期,私有财产拥有的至高无上权利逐渐被社会所忽视,人们的专注点和注重点放在了社会责任上,且部分人倡导社会责任高于一切权利。在资本主义初期,启蒙思想家出于对专制的抵制,认为私有财产神圣不可侵犯。美国历史上的一名法官曾表示:"以损害他人合法权益为目的,且行使他人享有的财产权利,这显然不是人类应当享有的权利,也不是法律所保护的权利。但在法律范围内,对所有人财产权进行有效限制,能够最大限度地满足公共利益需求,这点不容忽视,也不可不重视。"

因此,在当前社会发展中,财产所有权会受到来自社会公共利益等相关公共性福利利益的制约影响。所谓社会公共利益主要指的是广大人民可以享受到的利益,具有社会普遍性。我国于2004年对宪法进行了修正,修正后的文件明确指出:"国家为了公共利益的需要,可以依照法律规定对公民的私有财产实行征收或者征用并给予补偿。"由此可见,在社会高速发展的今天,以自由主义为核心倡导个人私有财产拥有至高无上权利的观点逐渐被民主价值观所消除。在这种情况下,民主倡导和坚持的是社会公共利益。

国际社会资本之所以会出现流动现象,是因为各国想要利用资本流动来提高经济实力,进而扩大民生效益。因此,东道国有权对跨国资本进行有效管理,确保跨国资本的一系列行为不侵犯或损害东道国本土的社会利益和公众利益。

(三)私有财产权与东道国利益的平衡

在正常情况下,投资者享有的财产权与东道国本土的社会公共利益之间有着非常明显的相辅相成关系。若东道国拥有健全的法律体系和完善的制度条款,且能对国外投资者享有的合法权益给予较高保护,那么,这无疑可以吸引更多的资本流入到东道国,从而推动东道国整体的经济发展速度。因此,国际投资仲裁必须要以平等公平的方式来均衡、保护东道国与投资者双方的权利。

然而,在实际操作中,早期的国际投资仲裁尚未成熟和完善,这导致在东道国与投资者之间的权利平衡保护方面出现了一些问题。国际投资仲裁本质上是一种解决投资者与东道国之间投资争端的法律方法。在仲裁过程中,发达国家属于投资者,而发展中国家则属于被投资对象。由于这种关系的不对等,发展中国家在谈判中的能力相对较弱。而发达国家则将注重点放在本国资本在注入国外后的安全性等方面,倡导本国投资者必须注重自身利益的保护,这往往导致了对可能侵犯发展中国家利益的投资行为缺乏足够的关注。

在近现代社会中,随着国际投资仲裁的不断发展,其拥有的实践经验越来越多,这些经验已经充分反映出东道国本土社会公共利益和投资者财产权之间已经出现了失衡现象。另外,少数投资者借助国际投资仲裁中设置的"偏向"公平条款,肆无忌惮地损害东道国本土社会利益。与此同时,一些投资者还将东道国设立的环境安全等措施诉诸国际投资仲裁庭。在国际投资仲裁庭上,投资者往往会对东道国提出较高的赔偿要求,若仲裁庭认同这种做法,则东道国必然会蒙受巨大的损失,严重的更会影响东道国国家财政。从某种意义上而言,国际投资仲裁员是国际商事仲裁中心的延伸品,这表明投资者和他们之间必然有着一定的关联性。在某些案件中,他们可能会以代理人的身份来帮助投资者维护权益,而在另一些案件中,则会充当仲裁员的角色。基于此,国际投资仲裁中存在的问题已经导致东道国和投资者之间的利益维护出现失衡。

二、国际投资仲裁实体利益平衡的主要目标

（一）"国家利益与投资者利益"的平衡

近年来,国际投资条约在众多仲裁案例中显示出对投资者权益保护的过度关注。这种偏向导致投资者享有更多权利,也变相加剧了投资者和东道国之间的潜在冲突。随着经济全球一体化的不断深入,国际投资活动日益频繁,投资者与东道国之间的矛盾和问题也日益显现,这对国际仲裁提出了更高的要求。在处理投资者与东道国之间的投资争端时,BIT缔约国倾向于将争端提交至国际仲裁机构,这主要是基于仲裁的特性,即期望通过仲裁程序减少解决争端的成本和时间。然而,众多案例表明,仲裁庭在裁决过程中往往倾向于保护投资者利益,而忽视东道国的合法权益。这种长期的不平衡现象已经引起了全球范围内的广泛质疑,导致了信任危机的产生。因此,为了解决这一平衡性问题,国际投资仲裁就必须进行完善与优化。

（二）"公共利益与私人利益"的平衡

从本质上讲,国际投资仲裁是国际商事仲裁的一个重要分支。在国际商事仲中,私有财产有着至高无上的不可侵犯性。因此,现行的国际投资仲裁也继承了这一理念,导致在实际操作中,国际投资仲裁往往偏向投资者,而忽视东道国的利益。这从一个侧面揭示了国际投资仲裁庭实际上是以投资者为中心构建的国际争端解决机构。另外,国际投资仲裁庭现行的制度和条款未对投资者享有的权利进行解释与说明,这使得在仲裁过程中,东道国常常处于相对不利的位置。

从国际商事仲裁的常规视角来看,由于国际投资仲裁处理的各项争端问题主要围绕着私人利益来进行,所以私有财产权在国际商事仲裁中同样享有着一定的至高无上权利。然而,投资者和东道国之间之所以会出现矛盾,是因为东道国在本国实施的各项政策或条款对投资者利益造成了影响。基于此,在这类案件审理中,按照国际商事仲裁设定的败诉原则,若东道国败诉,不仅要赔偿投资者相关损失,而且更要承担投资者在诉讼环节支出的各项费用,这无疑加剧了东道国的损失,同时也变相地增长了投资者嚣张的气焰,严重的更会影响到东道国整体的社会发展或经济发展。因此,国际投资仲裁庭应当重视东道国享有的权利和合法利益。

三、国际投资仲裁实体利益平衡的或然路径

作为国际法的核心构成之一,条约拥有的重要性不言而喻。从本质上而言,国家间法律争议的产生源于缔约国对条约内容理解不一致或认同度低。因此,想要发挥出条约最大的作用与价值,就必须对其进行有效的解释与说明。条约解释的不当和冲突会直接影响国际争端的处理结果,甚至使实体利益造成偏离,从而加剧冲突和矛盾。目前,现行的国际投资条约文件赋予了投资者一定的权力,即当投资者在东道国的权益受损后,可直接向国际投资仲裁庭发起仲裁申请。因此,国际投资仲裁已经成为解决国家与投资者之间出现的矛盾和冲突的重要方法,而条约解释则成为实现国家与投资者、公共利益与私人利益平衡的或然路径。

VCLT第三十一条关于条约的解释已经获得了国际习惯法的地位。在国际投资条约中,其规定的条约解释方式贯穿条约解释的始终,这在很大程度上避免了因主观解释偏差造成的实体利益偏离。具体的解释方式包括以下几种。

(一)文义解释

文义解释是通过文本字句的字面意思解释条约。文义解释是实践中最基础、接受度最高的条约解释方法。瓦特尔在《万国公法或适用于各国或各君主的行为和事务的自然法原则》中首次提出了条约解释应当遵从"文本主义",即"无须解释的事项不需解释"。如果条约的内容清晰明了,不存在歧义,解释者就应当遵循其文本意思。如果解释者作出扩大或者限制解释即违背了文义解释的基础。

(二)目的解释

目的解释是根据国际条约缔结的目的来进行解释。其理论依据为,人是由意志引导做出行为。同理,立法或缔结条约的行为一定有其背后的意义和目的。因此,条约的解释应当与其缔结的结论与目的一致。在运用目的解释法时,必须从整体性角度出发,全面把握和解释条约,避免仅凭片面之词揣测缔约者初衷。虽然目的解释给了国际投资仲裁庭一定的自由裁量权力,但是解释结果不可以偏离条约本身。

在国际投资仲裁中,目的解释要考虑到这些BIT的目的,即推进私人资本的流转,促进双方的经济发展;优化投资环境以促进经济资源的有效利用,从而提高人民的生活水平。另外,目的解释还要考虑缔约国的公共政策等。

（三）使用补充资料解释

在国际投资仲裁的司法实践中，除了文义解释和目的解释外，仲裁庭还会采取其他解释方法。常见的方法包括使用补充资料、嗣后协定或用先例作为辅助解释的工作。"补充资料"包括但不限于订立条约时准备的各种文件、条约谈判的历史文件等。VCLT的第三十二条指出，如果依据第三十一条解释后，条约解释依然出现意思表示不清晰或者模棱两可、解释结果荒诞不合常理的情况时，可以使用包括条约的准备资料等在内的补充材料来辅助解释条约。第三十一条和第三十二条之间的关系应当为：前者是权威性解释，后者是补充性解释。但在实际的解释过程中，我们不应过分死板地强调二者之间的层次等级而忽视了条约解释的真正目的和意义，应结合众多方法以解释条约条文。

第三章

国际投资仲裁正当性危机化解中的"国家利益与投资者利益"平衡

国际投资仲裁正当性危机中的国家利益与投资者利益的失衡,最主要涉及的是国家主权问题和国家安全问题。这些年来,国际投资仲裁已经获得了诸多实践经验,根据其在实践中的表现来看,部分仲裁庭所给出的仲裁裁决过度注重对投资者权益保护,忽略了对东道国享有权益的保护。久而久之,这些过度的偏离会导致投资者滥诉现象非常严重,不仅损害到了国际投资仲裁在国际社会中的公信力,而且更损害到了东道国在国际法上享有的合法权益,其中最主要的就是国家主权遭受侵蚀和国家安全受到威胁。

第一节　国际投资仲裁中的国家主权问题

一、国际投资仲裁对国家主权侵蚀

（一）国际投资仲裁程序对国家主权的挑战

目前实施的投资条约中针对投资争议解决制定的相关程序还存在诸多问题，而这些问题的出现不仅侵犯了国家主权，而且让国家安全面临诸多风险。

1.程序性条款设计缺陷

国际投资条约在程序性条款的设置上存在一些漏洞导致仲裁庭自由裁量权过大，做出侵犯东道国主权的行为。一是仲裁庭对于条约的解释拥有较大的自由裁量权。前文已经多次提到国际投资条约中部分实体条款的模糊性和原则性，导致适用过程中的裁决不一致。这种模糊性和原则性在一定程度上给予仲裁庭过大的自由裁量权，导致作出侵犯国家主权的裁决。二是裁决监督措施的缺失导致仲裁庭自由裁量权不受限制。在没有监督机制的情况下，仲裁庭作出的裁决为最终裁决。在大多数的国际投资条约中，除非出现重大程序错误、仲裁员存在行贿受贿的情况下，裁决不可撤销。因此，仲裁员在使用这项权利时时常会出现权力越线的情况。三是程序不规范导致自由裁量权过大。以"S.D. Myers, Inc. v. Government of Canada"案为例，仲裁庭在对此案件进行论证时，并未给出准确的论证依据，而是沿用了BIT等其他条约文件中制定的相关规定。

2.平行程序和条约挑选现象频发

近来，随着大量国际投资条约的签订，各国对于外部投资无论在实体方面还是程序方面都给予了更优厚的投资待遇。同时由于国际投资法领域缺乏类似世界贸易组织（World Trade Organization，WTO）这样的统一协调机制，国际投资法体系的发展趋向碎片化。一些海外投资者为了取得最大化的投资利益，通过国籍规划、投资重组等一系列人为方式规避对其不利的国际投资条约，享受其本不该享有的条约利益，并往往在发生投资争端后依据其所"选购"的第三国与投资东道国间的投资条约向国际仲裁机构提请仲裁。这种行为被称为国际投资领域的"条约选购"(Treaty Shopping)。以"CME Czech Republic B.V. v. The Czech Republic"案为例,美国本土的投资者在对东道国进行仲裁时,意图利用个人身份来实现。然而,此方法未能通过。于是,该投资者又以控股方式来提起仲裁。以"Tokios Tokelés v. Ukraine"案为例,乌克兰本土的投资者在将乌克兰起诉到国际投资仲裁庭时,主要是通过其设立在立陶宛的全资控股公司来实现。综上所述,投资者救济渠道的增加让投资者拥有了更多选择仲裁的方式,这无疑会加剧整个国际社会投资纠纷仲裁的数量,严重的更会让不法者有可乘之机。

(二)实体规定对国家主权的侵蚀

国际投资条约中涉及自由化类型的投资条约能够为投资者提供非常大的保护,同时,在实体法上也有诸多对投资者有利的条款。比如,条约中赋予了"投资"范围一定的广泛性。再如,为东道国制定仲裁决定时,仲裁措施也有一定的广泛性。这些实体法条款进一步扩大了对投资者的保护,缩小了对东道国的保护,使得更多投资者有可乘之机。

1. 投资等关键概念界定

目前,现行国际投资条约对投资所给予的保护有着明显的全面性,这类保护不仅涉及投资者的有形资产,还涉及其无形资产。从近现代出现的国际投资仲裁案件来看,任何投资或投资利益在仲裁庭上均会被认为是合格投资,部分仲裁庭还专为投资设立了相应的市场准入权。同时,条约所提及的合格投资者不仅包括个人,还包括组织或企业。根据《解决投资争端国际中心公约》规定,缔约国国民针对非缔约国本土的企业进行控制,可以满足合格投资者的相关要求。事实上,诸多投资者以公司或个人身份向国际仲裁庭提起东道国诉讼的案件也不在少数。如果这类现象不能得到有效治理,那么必然会进一步增加投资者滥诉现象。

2. 条款模糊导致解释不一致

目前,现行的投资条约文件针对诸多实体法条款制定的内容尚未得到完善和健全,且定义上较为模糊。由于文件的缺失,投资者能够随时随地向国际投资仲裁庭进行诉讼。现最具有代表性的案例当属投资者因待遇条款问题或间接征收条款问题对东道国提起诉讼。

关于公平公正待遇条款的解释,截至目前尚未有明确的内容对此条款给出合理化的解释。令人费解的是,美国在构建BIT模式时,将这种待遇和国际法规定的最低标准进行了联系,这导致在实际应用中出现了更多不同的解释和说明。一些研究者在研究后表示,公平公正待遇本质上就是国际设置的最低待遇标准;另一些研究者在研究后表示,公平公正待遇属于一种具有独特性类型的待遇标准;还有一些研究者表示,公平公正待遇在国际法上属于一种可行性的制度;少数研究者表示,公平公正待遇属于无差别类型的待遇;更有研究者表示,公平公正待遇属于某种内涵延伸出的新型概念。这些观点不仅涵盖了正当程序原则,还包括了尊重善意和透明度等相关要求。基于此,公平公正待遇由于尚未制定出统一化的标准,所以往往会成为投资者向东道国索赔的重要依据。

从现代投资条约中关于间接征收条款的角度来看,此条款在一些条约中并未提及,而部分条约则以笼统的方式进行了解释与说明,如间接征收的实质含义与直接征收基本相同。显然,这种定义和解释方式在实际上对仲裁庭并不具备有效的指导价值。因此,诸多投资者想尽一切方式寻找东道国有关"间接征收"的理由,久而久之,这种方式对东道国管理产生了严重的影响。比如,在国际投资仲裁案件中,东道国常因环境保护或者是人权保护等原因被投资者起诉,显然,这不仅影响到了东道国本身的利益,而且更严重干扰了东道国拥有的潜在社会价值。同时,通过对近现代出现的各类型间接征收案件进行分析后得知,诸多案件已经充分反映出国际投资条约出现的问题,而这些问题的存在也恰巧反映出,在国际投资仲裁过程中,东道国总是处在较为弱势的地位。如果此类现象难以得到有效缓解和解决,那么除了增加投资者滥诉现象外,还会对东道国国家主权,甚至是国家安全产生影响。

仲裁裁决出现的问题导致国际投资条约遭受人们的质疑,且给东道国带来了诸多政治风险。如果这种现象不能得到妥善治理,那么不仅会影响国际投资仲裁今后的实践情况,而且更会影响国际投资者在他国的投资信心,同时也会变相地侵犯东道国在国际上享有的各项权利,甚至会影响东道国国家与社会的安全稳定。因此,这些问题必须得到高度重视,只有将这些问题妥善解决,提高国际投资仲裁庭在仲裁过程中的公平性,才能最大限度地挽回国际社会对国际投资仲裁的信任和支持。

3.巨额赔偿对国家主权的侵蚀

私人投资者在国际投资仲裁中提出的索赔金额通常非常高。比如,在"CME Czech Republic B.V. v. The Czech Republic"案中,捷克共和国被诉赔偿5亿美元;在"Ceskoslovenska Obchodni Banka, a.s. v. The Slovak Republic"案中,斯洛伐克被诉赔偿10亿美元;阿根廷在发生经济危机后被多方起诉,其被起诉赔偿额超过百亿美元。

国际投资仲裁的兴起扩大了私人投资者的请求权,他们可以采取多种手段要求国家赔偿相应的金额。根据现行的投资条约,如果东道国行使的权利被仲裁庭认定违反了国际法,那么仲裁庭有权命令东道国赔偿投资者的损失,并支付诉讼过程中产生的费用。从传统国际法的角度来看,即使国家行为侵犯了个人利益,个人向国家索赔的案件也相对较少。一些西方学者指出,除了欧盟国家外,其他国家尚未对个人在国家违反国际法后如何索赔提供明确的指导和说明。在国际人权法体系中,即使国家违反了国际法的相关规定,个人索赔也受到限制。目前,个人在国家违反国际法后能够要求赔偿的国际文件仅有两部,即《欧洲人权公约》和《美洲人权公约》。然而,在这两部文件中,个人的索赔能力相对较弱,且受到的限制较多。以《欧洲人权公约》为例,欧洲人权法院在处理个人索赔案件时,可以以多种理由拒绝赔偿,如认为个人已经通过非金钱补偿得到了足够的补偿,或者需要评估国家的支付和赔偿能力后才能决定是否赔偿。再以《美洲人权公约》为例,美洲人权法院只有在美洲人权委员会提交案件资料后,才能根据资料分析决定是否给予个人赔偿,且在公司赔偿方面,委员会通常持反对意见。因此,个人想要获得国家赔偿,必须先通过地方救济,然后才能向国家层面提出赔偿申请。一些研究者认为,国际投资仲裁所确定的赔偿具有明显的补救性质,而非惩罚性质。然而,这种赔偿方式正逐渐成为公法救济的一部分。

二、应对国家主权问题的措施

国际投资仲裁对东道国国家主权问题的侵蚀近年来得到了广泛的关注。为了使近现代国际投资仲裁出现的主权危机得到妥善解决,各国开始从维护国家主权的视角出发对缔结的国际投资条约进行审视和修改。通过对这些对策进行分析后发现,这些对策不仅能够反映出国家立法上出现的变化,而且更能反映出现代投资条约在实体上的具体优化方式。

(一)建立仲裁上诉机制

在国际投资仲裁的未来发展过程中,建立相应的上诉机制已成为国际社会普遍认同的改革方向。目前,多个国家正尝试建立上诉机制或表现出建立上诉机制的意愿以监督仲裁裁决。比如,ICSID提出了建立上诉法庭的建议,旨在通过上诉机制对仲裁裁决进行监督。美国已与多个国家签订了自由贸易协定,旨在通过这种方式为国际投资仲裁制定可行的上诉机制。在美国BIT范本(2012)中,提出了建立上诉机制以监督投资仲裁的必要性。《中国-澳大利亚自由贸易协定》中也规定:"自本协定生效之日起3年内,双方应启动谈判,以期建立上诉审查机制,审查在此上诉审查机制建立后依据本章第二十二条所作出的仲裁裁决。此上诉审查机制将审理有关法律问题的上诉。"

在当前ICSID的新一轮改革进程中,关于仲裁裁决的救济措施中并未包含上诉程序,仲裁庭作出的裁决具有约束力。在争端一方申请撤销仲裁裁决时,其申请撤销的理由仅限于重大程序性错误,而不包括事实认定错误或法律适用错误。然而,多国已试图通过国内法院或特别设立的上诉机构对ICSID仲裁裁决进行监督。但由于涉及这些上诉程序审查ICSID仲裁裁决的合法性和上诉裁决(非ICSID仲裁)的承认与执行问题,以及存在多个上诉机制,裁决不一致的问题更加突出。这是未来国际投资仲裁改革亟须关注的核心议题。

(二)防止投资者滥诉

BIT为投资者开辟了新的救济途径,但这也导致了平行诉讼和滥诉现象的频繁发生。目前,现行的投资条约规定,在ISDS诉讼环节中,东道国提起的各类先决条件会受到投资协议的约束,而这种约束的核心在于对投资者在东道国的业务规模进行管控。关于业务规模的界定,需要通过客观的方式调查分析投资者在东道国市场中的比重和份额。这样的规定不仅使得众多跨国公司和市场中的中小企业都有可能接触到ISDS机制,而且有助于避免对东道国的滥诉现象。可以将程序性保障措施融入投资条约中,以这种方式来预防投资者的滥诉行为。比如,在CETA的帮助下,缔约方能够利用快速通道系统来处理无意义的诉讼索赔活动,不仅耗时短,而且效率高。此外,由于费用转移规则中设定了强制性规定,因此可以有效防止投资者进行索赔。这种费用转移制度的蓝本应参考"英国"规则,即在诉讼程序结束后,败诉方不仅要支付自己的诉讼费用,还要承担胜诉方在诉讼中产生的各项费用。由此可见,费用转移制度的出现为主权国家提供了一定的保护,并间接地预防了滥诉行为的发生。从英国仲裁规则的角度来看,如果ISDS索赔环节中国家认为该索赔已经对其合法监管权造成了影响,那么在维护自身权益的同时,国家无须担心争端解决环节的成本,待诉讼程序结束后,由败诉方无条件承担国家支出的费用。

在美国的BIT文件中明确表示,仲裁庭在对投资者提交的诉讼申请进行分析后,如果发现诉讼申请过于"轻浮",那么仲裁庭有权要求投资者承担诉讼环节的各项费用。另外,在FTA中,美国同样制定了相关条款,即仲裁庭可以采取预审的方式对申请人提出的申请进行审查,如果发现申请内容过于"轻浮",那么仲裁庭有权要求申请人撤销申诉,并承担相应的仲裁费用。

(三)提高国际投资仲裁透明度

想要明确国际投资条约中ISDS机制拥有的地位,就必须以欧盟委员会作为核心,并确保争端解决过程中的仲裁程序严格遵循《透明度规则》的要求。根据前文所讲述的内容得知,现行的《联合国国际贸易法委员会仲裁规则》文件已经将监管模式逐步完善,这是多国学者和外交官长期不懈努力的结果。另外,在BIT的签订过程中,谈判者需要将特定语言融入其中,以保障争议解决程序在运行环节的公开性和透明性。这种方式不但可以确保投资者和国家在仲裁过程中达成高度统一的意见,而且还能提升仲裁员在裁决环节的公平性和公正性,从而达到维护国家的主权,平衡国家和投资者的利益的作用。

(四)提高条约解释的准确性

近现代国际投资仲裁的实践证明,当仲裁庭享有的自由裁量权比较大时,会给东道国国家主权带来非常大的影响。这种影响会让投资仲裁出现严重的正当性危机,进而削弱国际投资仲裁在国际社会中的信任和支持。因此,2004年美国修正后的BIT范本文件指出,缔约方在签署投资条约后有权参与仲裁程序,并根据仲裁案件的情况,发表合理言论和意见。这样做主要的目的是提高案件审理环节的监督能力和透明度。另外,该范本规定,根据争端方提出的相关要求,仲裁庭在裁决书下发的前期,需要将拟定完成的裁决书分别发送到非争端方和争端方的手中。若争端方对裁决书有异议,则可在两个月内提交书面申请。仲裁庭需对争议方提交的申请资料进行商议和评价后,才能给出最终的裁决意见。一些研究者表示,这种方式对于争端双方均有一定的益处,且能加强争端双方的互动频率和交流频率,并提高争端双方对裁决书的支持度和认可度。

第二节　国际投资仲裁中的国家安全问题

在WTO的发展会议上,联合国发布了一份有关投资利益平衡的专项研究报告,该报告深入探讨了1995年至2006年期间全球各国的进出口贸易投资条款,并概述了投资条款制定的最新动向。报告指出:目前国际社会对于直接投资可能产生的负面影响存在分歧,专家们尚未形成一致意见。在这样的背景下,众多国家建立了BIT体系,旨在保障投资者的权益,同时确保不损害东道国的利益与安全。因此,许多国家制定了明确的特殊投资条款,其核心前提是东道国必须拥有条款的制定权。然而,一些国家的条款与BIT中的义务条款之间存在一定的冲突。WTO不仅通过BIT确立了常规的特殊领域(例如财税征收和地区经济协同发展等),还采取了科学稳妥的措施来确保东道国的利益安全,包括保护多元化的文化产品、生态资源以及东道国的金融系统,并将这些内容纳入BIT义务的特殊条款中。这些特殊条款明确了不同缔约国的价值观和价值评估标准,并根据各缔约国的需求来制定投资保护的目标和实施计划。

一、国际投资仲裁中的国家安全关切映射

在国际投资法领域,制定涉及各国安全利益的特殊条款,对于维护法律权威和法律体系的完善具有重要意义。长期以来,境外投资者将这些特殊条款视为维护自身权益的法律工具。比如,由美国主导的双边关系协调委员会明确指出,制定此类特殊条款旨在为美国投资者提供境外投资保护,鼓励他们向发展中国家投入大量资金。然而,一些国家所设立的旨在保障利益安全的特殊条款,并不适用于风险较高的国际投资,或是在金融危机爆发国家的投资。各国制定的双边投资保护条款,旨在限制东道国的行为,防止其损害境外投资者的利益,并确保东道国承担相应的责任和义务。这些条款的存在有助于投资者分担风险,在特殊情况下,若投资者遭受损失,东道国需根据条款规定进行赔偿。然而,当BIT中包含特殊情况下的安全利益保障时,若东道国在正常情况下违反相关条款导致投资者亏损,也必须承担相应的责任。但是,也存在一些例外情况,如阿根廷经历的金融危

机,在这种情况下,安全利益保障条款规定所有风险由投资者承担,东道国无须为违约行为负责,也不必向投资者赔偿损失。在当前经济全球化的背景下,超出基本安全利益特殊条款保护范围的情况时有发生,如金融危机、疫情等。因此,尽管这些条款能够为境外投资提供一定程度的保护,但它们的局限性也是显而易见的。

(一)国际投资仲裁中的根本安全例外条款

在国际投资仲裁中,根本安全例外条款,亦称规避条款、一般安全利益(特殊)条款、责任豁免条款或安全利益特殊条款,是指在特定条件下,排除缔约国违法行为责任的条款。该条款规定,在正常情况下,各缔约国应执行协议方案,但若出现协议所涵盖的特殊情况,则缔约国可免于承担协议规定的责任,且无须履行协议中的相关义务,尽管这些协议规则仍然存在,但处于非公开状态。若无特殊情况发生,或已超过协议的临时中止期限,各缔约国则必须承担相应的责任。在特殊情况下,如在签署协议时发生东道国无法预见的根本性安全事件,当事国应承认条约的约束力,并作出相应调整。此外,在上述情况下,根本安全例外条款可作为中断或忽略条约的理由。根本安全例外条款是一种特殊条款,旨在允许缔约东道国采取必要措施以保障其安全利益,它在安全防御方面发挥着重要作用,并对维护国家利益和安全具有重大意义。

根本安全例外条款通常在危急情况下生效,与自我保护权益密不可分。当出现对某个国家自保产生威胁的紧急状况时,当事国可随机应变,适当地采取措施来确保本国的根本安全。这些措施对于处于危急情况下的自保国家来说是合法的。最早的危急情况被定义为国与国之间发生权力斗争或冲突,被认定为危急状态的国家拥有更为重要的权利,权力级别要高于另一方。然而,国际法委员会并不认同这一定义,它指出在危急情况发生时,当事国之间的权利矛盾并不存在,仅包含一类权利。若某个缔约国以情况危急为借口采取相关措施,则表明它违反了权利法。在这一阶段,学者们对危急情况的定义、特征和适用性研究并不深,没有阐明危急情况规则对发展趋势的影响。

国际法鼻祖格劳秀斯着重研究了危急情况条款的形成过程和各国对该条款的实施措施,为危急情况条款的最终确立奠定了基础。他认为,以情况危急为理由并采取相关措施和法律适用性并不矛盾,但在部分情境下,运用该条款可为超越法律界限行为的合理性、合法性提供解释。格劳秀斯强调,只有满足以下条件时,当事国才可使用危急情况条款:①权利使用方没有主观的犯罪意识;②存在对人民生命或公共财产产生威胁的风险；③这种危险是随时可能发生的；④从中立方征得税收必须低于特殊情况下所需金额；⑤要做到公平、公正，当缔约国的另一方也发生危急情况时，可根据紧急预案采取相应措施；⑥若条件允许，权力行使方可根据协议对另一方做出相应的赔偿。

20世纪后，危急情况时有发生，影响了社会经济、军工事业、环境保护、公共服务和医疗健康等领域。在部分危急情况引入案例中，相关条款规定得到法院或仲裁庭的默认，并未出现驳回情况，但在很多案件中，仲裁庭对这些条款的适用性有很大争议，且多次出现驳回情况。历史上相关案例很多，但对危急情况条款援引具有实质性影响的是1997年的"Gabčíkovo-Nagymaros Project (Hungary/Slovakia)"案。在该案例中，仲裁庭虽然默认了危急情况条款，但他们认为该案件引入危急情况条款是不合法的，危急情况的援引条件非常严格，必须符合限定的条件，而这些条件是累积的，且不可由当事国评判危急情况的满足条件。仲裁庭表示，该案件中有很多有价值的条件：当事国需从自身根本利益出发采取和国际利益相冲突的行为；这种利益充分危险，存在较大威胁且情况紧急；被认为过激的行为是解决利益纠纷的仅有的办法；此行为符合条款的义务要求，不损害国家的根本安全利益；行为方不可主动创建危急情境。随后，国际仲裁机构发布了对国家责任条约关于危急情况的认定，详细阐释了危急情况的适用条件和适用领域，并明确提出了符合条件的危急情况援引机制，自此有了明确的危急情况认定细则。国际仲裁机构提出的建议被国际法组织和众多的法学者接受并应用到实践。

在二战结束后，美国对根本安全例外条款进行了完善，根本安全例外条款成为美国制定通商和航海条约的基础。比如，美国与尼加拉瓜签订了涉及航海和商业互通的基本安全利益特殊条款；美国与伊朗签订了友好互利安全利益特殊条款。到了19世纪50年代末期，根本安全例外条款的应用范围得到了扩展，不再仅限于友好通商和航海。德国是最早签订和实施BIT的国家，该投资条约由德国和巴基斯坦在1959年共同签署，其中包含了根本安全例外条款。此后，德国的所有BIT都纳入了根本安全例外条款。随后，美国首次与巴拿马在1982年签订了包含根本安全例外条款的BIT。此后，美国签订的所有BIT均包含了根本安全例外条款。在学术界，研究者们对根本安全例外条款的研究相对较少。尽管如此，该条款已被国际投资法所接受，并在国际社会中广泛传播，常见于印度、德国、加拿大和美国等国的投资条约中，是国际金融法律的重要组成部分。

当爆发严重的金融危机时,当事国为确保自身利益安全通常会制定一系列应急预案,这种行为常会被境外投资者指控,认为该国间接征收税费是不合法的,并向国际法庭起诉。以2002年阿根廷爆发的金融危机为例,境外投资者向国际法庭提出抗议和控诉,国际社会反响强烈。基于此,加拿大BIT(2004)中的第十三条明确规定了税费征收和补偿标准,并在附录详述了各种特殊情况下需采取的紧急措施,避免境外投资者夸大其词、以间接征收税费控诉加拿大,进而损害其主权。附录中有这样一段话尤为重要:"尽管协议双方的某种行为或措施会降低某个投资项目可产生的经济价值,但仅将其作为间接征收税费的证据是单一的、不可取的,缔约方的目的是确保公共利益安全,包括公共安全、生存环境等,因此可以采取相应的例外措施,这些措施并非间接征收措施。"

美国BIT范本(2004)对间接征收的相关规定与加拿大保持了大致的一致性。此外,美国在该范本中还特别规定,所有条款不得被解释为要求缔约国公开可能损害其根本利益的信息,也不得被解释为妨碍缔约国采取其认为至关重要的措施,以利于缔约国履行维护世界和平或确保其根本利益不受损害的义务。[①]具体而言,所采取的措施是否属于安全利益的范畴,取决于缔约国自身的判断,该范本并未对相关客观标准作出明确界定。由此可见,美国非常重视维护自身根本利益的例外权。

印度也明确了根本安全例外条款。印度BIT范本(2003)指出,本协定不能禁止当事国为了维护自身的根本利益抑或处于特殊危急时刻下通过相应法律规定基于非歧视所展开的合理行为。[②]与这一规定相似的还有1995年印度与英国签订的BIT中的相关条款,该条款明确指出,投资条约不应限制当事国在维护其基本利益或在危急情况下采取相应行动的权利。根据VCLT知,东道国可以根据事

----

① 美国BIT范本(2004)的第十八条原文:Nothing in this Treaty shall be construed: 1. to require a Party to furnish or allow access to any information the disclosure of which it determines to be contrary to its essential security interests; or 2. to preclude a Party from applying measures that it considers necessary for the fulfillment of its obligations with respect to the maintenance or restoration of international peace or security, or the protection of its own essential security interests.

② 印度BIT范本(2003)的第十二条原文:(1)Except as otherwise provided in this Agreement, all investment shall be governed by the laws in force in the territory of the Contracting Party in which such investments are made. (2) Notwithstanding paragraph(1) of this Article nothing in this Agreement precludes the host Contracting Party from taking action for the protection of its essential security interests or in circumstances of extreme emergency in accordance with its laws normally and reasonably applied on a non discriminatory basis.

态的变化终止条约。如果在签署合同时发生了东道国无法预见的重大意外事件，且这些事件导致东道国认为合约的某些条款无法接受，那么这些变化可能会对合约应履行的义务范围产生根本性影响，从而允许根据这些情况终止合约。这一规定与1986年《关于国家和国际组织间或国际组织相互间条约法的维也纳公约》中的一系列规定大致相同。

对根本安全例外条款的诠释属于一个特定的过程，必须综合考虑该条款文本、条约缔结时的历史背景、条约缔结的目标以及准备工作。然而，该条款的适用与解释，特别是其在不同国家的适用范围，对经济体系及国际法律均可能产生重大影响。此类影响不仅会深刻作用于投资者与国家间的风险分担机制、缔约国对条约的预期、跨国投资的成本、国家在金融危机等特殊情况下制定的应对策略，还会对投资流动的路径产生影响。因此，在国际投资法律框架内，关于根本安全例外条款的应用及其相关解释，对于未来世界经济体系的构建以及跨境合作的安全与稳定发展具有极其重要的意义。

在《关税及贸易总协定》（*General Agreement on Tariffs and Trade*, GATT）中，所有的例外条款都需审慎考虑并恰当应用。因此，深入分析WTO中涉及例外条款的案例及其相关内容，对于全球投资立法和司法实践的发展具有极其重要的影响。

无论是GATT，还是各项乌拉圭回合协议，它们的一个显著的特点是：每个法律文件均含有大量的例外条款，其数量和种类之多，是其他国际条约所罕见的，而根本安全例外条款就是其中重要的组成部分。有的学者认为多边贸易体制被各种例外打得布满窟窿，还有的学者则将多边贸易体制比喻为例外的迷宫。GATT或WTO的根本安全例外条款在整个多边贸易体制中显得尤为突出。因为在多边贸易自由化目标与特定国内公共政策目标之间的关系中，根本安全例外条款起着一种重要的平衡作用。在实践中该条款有可能被WTO成员方援引以保护国内产业，甚至借"合法外衣"之名行贸易保护主义之实。①

在GATT中，特别突出的例外条款包括安全例外和一般例外两种。一般例外条款的内容大致涵盖了新时代许多双边条约中产生的规定，并进行了修订和补充。从当前的实践来看，这与国际私法中的公共秩序保留类似，即为了实现一般例外和安全例外的特定目标，缔约国可以采取与总协定不一致或相反的措施。一

---

① 李小霞.WTO根本安全例外条款的理论与实践[J].湖南社会科学,2010(5):97.

般例外体现了成员国维护公共利益和保护自身主权的需求。在这些规定中,内容广泛而笼统,没有规定通知、审核或赔偿程序,这意味着解决争端的唯一机制是救济。在WTO的众多协议中,《服务贸易总协定》(*General Agreement on Trade in Services*,GATS)、GATT1947、GATT1994以及各种贸易协议几乎都包含了根本安全例外条款。在当今由主权国家构成的世界中,每个国家的安全利益都比经济利益更为重要。因此,GATT1947在明确自由贸易的同时,也制定了关于国家安全的例外制度,并对安全例外作出了规定,即所有成员国都有权为了保护本国的安全利益而违反总协议的相关规定。其中,第二十条规定明确指出,本协议中的所有条款均不得被解释为限制成员国采取必要措施以保护其安全利益。①

1994年出台的《政府采购协议》相关条款指出,(a)本协议各项规定不得解释为禁止缔约方为保护其安全利益,对武器、弹药或战争物资采购,或对国家安全或国防目的必要的采购,采取认为必要的行动或不公开资料。(b)本协议各项规定不得解释为禁止缔约方为保护公共道德、秩序或安全、人类及动植物生命或健康、知

----

① GATT1947 的第二十条原文：Subject to the requirement that such measures are not applied in a manner which would constitute a means of arbitrary or unjustifiable discrimination between countries where the same conditions prevail, or a disguised restriction on international trade, nothing in this Agreement shall be construed to prevent the adoption or enforcement by any contracting party of measures: (a) necessary to protect public morals; (b) necessary to protect human, animal or plant life or health; (c) relating to the importations or exportations of gold or silver; (d) necessary to secure compliance with laws or regulations which are not inconsistent with the provisions of this Agreement, including those relating to customs enforcement, the enforcement of monopolies operated under paragraph 4 of Article Hand Article XVII, the protection of patents, trade marks and copyrights, and the prevention of deceptive practices; (e) relating to the products of prison labour; (f) imposed for the protection of national treasures of artistic, historic or archaeological value; (g) relating to the conservation of exhaustible natural resources if such measures are made effective in conjunction with restrictions on domestic production or consumption; (h) undertaken in pursuance of obligations under any intergovernmental commodity agreement which conforms to criteria submitted to the CONTRACTING PARTIES and not disapproved by them or which is itself so submitted and not so disapproved; (i) involving restrictions on exports of domestic materials necessary to ensure essential quantities of such materials to a domestic processing industry during periods when the domestic price of such materials is held below the world price as part of a governmental stabilization plan; *Provided* that such restrictions shall not operate to increase the exports of or the protection afforded to such domestic industry, and shall not depart from the provisions of this Agreement relating to non-discrimination; (j) essential to the acquisition or distribution of products in general or local short supply; *Proviced* that any such measures shall be consistent with the principle that all contracting parties are entitled to an equitable share of the international supply of such products, and that any such measures, which are inconsistent with the other provisions of the Agreement shall be discontinued as soon as the conditions giving rise to them have ceased to exist. The CONTRACTING PARTIES shall review the need for this sub-paragraph not later than 30 June 1960.

识产权的需要,或因保护残疾人、慈善机构或劳改人员生产的产品或服务的需要,采取或实施的措施。但这些措施不应成为对具有相同条件的国家作为武断或不合理歧视的手段,或者国际贸易的变相限制。①

《技术性贸易壁垒协定》相关条款的内容描述为,各成员应保证技术法规的制定、采用或实施在目的或效果上均不对国际贸易造成不必要的障碍。为此目的,技术法规对贸易的限制不得超过为实现合法目标所必需的限度,同时考虑合法目标未能实现可能造成的风险。此类合法目标特别包括:国家安全要求;防止欺诈行为;保护人类健康或安全、保护动物或植物的生命或健康及保护环境。在评估此类风险时,应考虑的相关因素特别包括:可获得的科学和技术信息、有关的加工技术或产品的预期最终用途。②

GATS相关条款指出,本协定的规定不得解释为阻止任何成员采用或实施以下措施:为保护公共道德或维护公共秩序而必需的(只有当某一社会基本利益受到真正和极其严重的威胁时,才可行使公共秩序例外行动)……③

《与贸易有关的知识产权协定》相关条款的内容为,本协定的任何规定不得解释为:(a)要求任何缔约国提供其根据国家基本安全利益认为不能公布的资

①《政府采购协议》(1994)的第二十三条原文:1. Nothing in this Agreement shall be construed to prevent any Party from taking any action or not disclosing any information which it considers necessary for the protection of its essential security interests relating to the procurement of arms, ammunition or war materials, or to procurement indispensable for national security or for national defence purposes. 2. Subject to the requirement that such measures are not applied in a manner which would constitute a means of arbitrary or unjustifiable discrimination between countries where the same conditions prevail or disguised restriction on international trade, nothing in this Agreement shall be construed to prevent any Party from imposing or enforcing measures: necessary to protect public morals, order or safety, human, animal or plant life or health or intellectual property; or relating to the products or services of handicapped persons, of philanthropic institutions or of prison labour.

②《技术性贸易壁垒协定》的第二条第二项原文:Members shall ensure that technical regulations are not prepared, adopted or applied with a view to or with the effect of creating unnecessary obstacles to international trade. For this purpose, technical regulations shall not be more trade-restrictive than necessary to fulfill a legitimate objective, taking account of the risks non-fulfillment would create. Such legitimate objectives are, inter alia: national security requirements; the preven of deceptive practices; protection of human health or satety, animal or plant life or health, or the environment. In assessing such risks, relevant elements of consideration are, inter alia: available scientific and technical information, related processing technology or intended end-uses of products.

③ GATS 的第十四条第一款原文:Nothing in this Agreement shall be construed to prevent the adoption or enforcement by any Member of measures: (a) necessary to protect public morals or to maintain public order... See footnote 5: the public order exception may be invoked only where a genuine and sufficiently serious threat is posed to one of the fundamental interests of society.

料；(b)阻止任何缔约国为保护国家基本安全利益对有关下列事项采取其认为必须采取的任何行动，(i)提取裂变所需的相应材料，(ii)武器、弹药和军火的贸易或直接和间接供军事机构用的其他物品或原料的贸易，(iii)战时或国际关系中的其他危急情况；(c)阻止任何缔约国根据《联合国宪章》为维持国际和平和安全而采取的行动。①

在WTO的每一项协议中，与根本安全例外条款相关的内容在文字表述上存在一定的变化和差异。这些内容主要以国家安全、公共秩序、安全利益等形式出现，涉及公共安全与健康、动植物及人类生命保护、知识产权、慈善团体、社会环境、残障人士、监狱囚犯相关商品，以及世界安全、合法安全行为、国家自卫保障等。同时，还包括满足《联合国宪章》要求的相关规定。自GATT1947创建以来，部分国家在特定情况下采取了与GATT1947相悖的贸易措施，如通过禁止贸易往来来表现出政治上的不友好。在这些情况下，GATT1947通常基于第二十一条的广义解释，默认了这些国家采取上述措施的权利。然而，在实际操作中，GATT1947第二十一条并未明确界定缔约国在引用例外条款时可以忽略GATT1947的具体情况，也未详细规定缔约国在引用例外条款时应遵循的特定原则。这导致了缔约国滥用例外条款的问题。目前，WTO的相关协定尚未对GATT1947第二十一条的规定做任何条文上的改变。比如，GATS第十四条和《与贸易有关的知识产权协定》第七十三条规定的"安全例外"条款与GATT1947第二十一条的内容基本相同。②

根本安全例外条款的划分在一些国际惯例和协定中有所体现。比如，GATS第十四条、GATT1994第二十一条以及《国家对国际不法行为的责任条款草案》第二十五条均包含了根本安全例外条款。部分国际投资条约也包含根本安全例外

①《与贸易有关的知识产权协定》的第七十三条原文：Nothing in this Agreement shall be construed：(a) to require a Member to furnish any information the disclosure of which it considers contrary to its essential security interests；or (b) to prevent a Member from taking any action which it considers necessary for the protection of its essential security interests；(i) relating to fissionable materials or the materials from which they are derived；(ii) relating to the traffic in arms, ammunition and implements of war and to such traffic in other goods and materials as is carried on directly or indirectly for the purpose of supplying a military establishment；(iii) taken in time of war or other emergency in international relations；or (c) to prevent a Member from taking any action in pursuance of its obligations under the United Nations Charter for the maintenance of international peace and security.
② 李双元.世贸组织(WTO)的法律制度：兼论中国"入世"后的应对措施[M].北京：中国方正出版社，2001：363-364.

条款,如NAFTA第二千一百零二条,条款允许缔约国在能源和国家安全决策的目标下,以及政府采购的例外规定中,采取维护国家安全利益所需的行动,包括但不限于阻止任何缔约国采取其认为必要的行动以维护国家安全利益:(ⅰ)涉及军事物资的贸易行为及相关运输的军事机构或安全组织的物资和技术;(ⅱ)战争状态或其他危急情况下采取的行动;(ⅲ)执行与核爆炸装置相关的国际协定或国家战略的行动。《能源宪章条约》第二十四条也规定了成员国的根本安全例外条款,指出本条约的规定除了特定的条款不得解释为阻止任何缔约方采取其认为必要的任何措施,包括但不限于为了保护其基本安全利益:(ⅰ)与军事机构的能源材料和产品供应相关的;(ⅱ)在国际关系的战争、武装冲突或其他危急情况下采取的措施。

根据UNCTAD的统计数据,截至2008年底,全球已签订2000多个BIT,其中包含根本安全例外条款的超过200个。经济合作与发展组织(Organisation for Economic Co-operation and Development, OECD)制定的MAI明确了根本安全例外条款的内容,这些条款主要涉及战时、军事行动或其他危急情况下的安全利益维护,以及与严重杀伤性武器扩散、国家战略和军事物资生产相关的国际协定或国家决策。然而,这些条款并未对保护的利益或行动进行限制。OECD的统计显示,涉及根本安全例外条款的国际惯例和相关协定主要包括:《能源宪章条约》第二十四条、GATT1994第二十一条、GATS第24条、NAFTA第二千一百零一条以及《国家对国际不法行为的责任条款草案》第二十五条。BIT范本中包含根本安全例外条款的例子有:印度BIT范本(2003)第十二条、加拿大BIT范本(2004)第十条、美国BIT范本(2004)第十八条和德国BIT范本(2005)附录。二战后,美国签署的所有友好通商协定和BIT均包含根本安全例外条款;比利时-荷兰-卢森堡经济联盟以及印度、墨西哥、德国签订的BIT中,超过50%含有根本安全例外条款。其他国家的投资条约中也存在根本安全例外条款。比如,中国在1985年与新加坡签订的《中华人民共和国政府和新加坡共和国政府关于促进和保护投资协定》、在1988年与新西兰签订的《中华人民共和国政府和新西兰政府关于鼓励和相互保护投资协定》;秘鲁分别于1993年与玻利维亚、1994年与巴拉圭、1996年与委内瑞拉签订的关于推动与保护投资的条约;瑞士在1967年与乍得签订的贸易、投资保护与技术相关协定,在1971年与乌干达签订的鼓励与保护投资的相关条约,在1998年与毛里求斯签订的关于推动和保护投资的协定,在1998年与阿联酋签订的关于促进与保护投资的相关协议；土耳其分别于2001年与卡塔尔、1986年与斯里兰卡、1997年与摩洛哥签订的投资促进与保护互惠协定；等等。尽管上述仅是根本安全例外条款的一部分，但它们体现了根本安全例外条款的广泛性和对全球投资法规的重大影响。

尽管美国或德国的BIT中已包含了根本安全例外条款，但他们在商谈条约时，会对单个条约里的根本安全例外条款展开延伸和解释。比如，在巴拿马与美国的BIT中，前者就尽可能把公共秩序例外纳入根本安全例外条款中，同时把例外的条件标准作为议定书的一部分记录下来；在孟加拉国与美国的BIT中，前者为了在根本安全例外条款中纳入雇佣问题，也在议定书中进行了记录；在1992年美国与俄罗斯的双边投资谈判过程中，后者特别强调了根本安全例外条款的自主判断权，同时将这个规定通过议定书的形式记录在册。从这里就可以发现，根本安全例外条款不仅是对协定中本身包含了安全利益例外条款的国家有着十分深远的影响，对不发达国家也有着不容忽视的作用。

联合国贸易和发展会议（United Nations Conference on Trade and Development，UNCTAD）在关于投资规则制定趋势的报告中指出：大多数BIT并未对公共秩序或安全利益设定严格限制，缔约方试图通过这种方式自行判断是否存在危急情况，以及自身的公共秩序或安全利益是否存在风险。同时，BIT中也使用了国家安全利益和根本利益等术语。比如，1995年新西兰与中国香港特别行政区签订的BIT就包含了"根本利益"，而1997年加勒比共同体与古巴之间的相关条款则包含了"国家安全利益"。部分BIT明确阐述了在履行维护世界和平的义务或面临严重危急情况时，根本安全例外条款的具体内容。比如，2001年印度与克罗地亚签订的BIT中就包含了严重危急情况的相关规定。美国BIT范本（2004）中的相关条款指出，所有条款均不应被解释为妨碍缔约方采取必要行动，履行其维护世界和平与稳定的责任，或采取其认为至关重要的措施来保护自己的安全利益。莫桑比克与美国在1998年签订的BIT中的相关条款与美国BIT范本（2004）大致相似。

UNCTAD在上述报告中将BIT中的根本安全例外条款进行了分类，指出最新的BIT采取四种方式来规定根本安全例外条款。一是东道国在发生危急情况时应当给予外国投资者国民待遇和最惠国待遇。比如，1998年德国与墨西哥签订的BIT议定书第三条规定：为了国家安全、公共利益、公共健康或公共道德目的而采取的措施不应给予外国投资者"更为不利的待遇"。二是东道国如果要援引根本安全例外条款,就必须满足一定的程序要求。比如,2003年越南与日本签订的BIT第十五条。①三是排除投资者在国家处于危急情况时利用ISDS机制的权利。四是规定东道国有关根本安全例外的法律对外国投资者有约束力,除非条约有另外的规定。比如,2002年加纳与印度签订的BIT第十二条规定:除非本条约另有规定,所有投资应受投资所在地国内有效法律的约束;投资所在地法律包括该国为保护本国根本安全利益或者在危急情况下通过的法律;上述法律应在非歧视的基础上实施。

对根本安全例外条款做出分析,可以将之分为两种类型。第一,非自行判断的根本安全例外条款,即没有明确授予东道国判断本国情势的权力;第二,自行判断的根本安全例外条款,即明确赋予东道国判断本国情势的权力并可实施其自身认为必需的措施来保护本国的根本安全利益。对于第一种类型的根本安全例外条款,国际法院和国际投资仲裁庭在仲裁案件中分别肯定了它的可仲裁性;对于第二种类型的根本安全例外条款,目前尚未有国际法院或者国际仲裁庭作出明确的判断。国际投资法学者倾向于将这类条款认定为具有可仲裁性,但是对于仲裁庭仲裁事项的范围及法律适用方法有所限定。总而言之,无论是"非自行判断的"根本安全例外条款还是"自行判断的"根本安全例外条款均具有可仲裁性,即国际投资仲裁庭均可以对之进行仲裁裁决。但是,二者的仲裁范围应有所区别。

<hr />

① 越南与日本签订的BIT第十五条原文:1. Notwithstanding any other provisions in this Agreement other than the provisions of Article 10, each Contracting Party may: Article 10, each Contracting Party may:(a) Take any measure which it considers necessary for the protection of its essential security interests... .(b) Take any measure in pursuance of its obligations under the United Nations Charter for the maintenance of international peace and security... . (d) Take any measure necessary for the maintenance of public order. The public order exceptions may be invoked only where a genuine and sufficiently serious threat is posed to one of the fundamental interests of society... .3. In cases where a Contracting Party takes any measure, pursuant to paragraph 1 of this Article, that does not conform with the obligations of the provisions of this Agreement other than the provisions of Article 10, that Contracting Party shall, prior to the entry into force of the measure or as soon thereafter as possible, notify the other Contracting Party of the following elements of the measure:(a) sector and sub-sector or matter;(b) obligation or article in respect of the measure;(c) legal source of the measure;(d) succinct description of the measure; and (e)purpose of the measure... .

（二）国际习惯法

美国与阿根廷的 BIT 明确指出，一旦出现争端，必然通过法律条款来解决。但是就目前而言，这一法律规定中并未就仲裁庭适用法律作出解释，导致在处理国际争端时缺少可以参考和借鉴的依据，从而影响司法效率。《解决投资争端国际中心公约》中尽管已经针对上述问题进行了解释，但也没有阐述具体的适用顺序和符合规定的要求和条件。总的来说，仲裁庭在处理免责争端时没有可以参考和借鉴的依据。

以"LG&E Energy Corp., LG&E Capital Corp. and LG&E International Inc. v. Argentine Republic"案和"Continental Casualty Company v. The Argentine Republic"案为例，仲裁庭在进行司法活动时，先参考了美国与阿根廷的 BIT，通过分析和判断，仲裁庭认定阿根廷当前面临的经济危机已满足危急情况的认定标准，因此可以提供救援和帮助。然后，仲裁庭又参考并借鉴了《国家对国际不法行为的责任条款草案》这一法律文件，通过法律法规论证其观点和行为的有效性和公平性。经过前期和后期的裁决认定，阿根廷在陷入经济危机后采取的临时管理行为并未违反国际法，因此无需支付赔偿金，也不必承担相应的赔偿责任。通过对比分析可知，在"LG&E Energy Corp., LG&E Capital Corp. and LG&E International Inc. v. Argentine Republic"案和"Continental Casualty Company v. The Argentine Republic"案中，仲裁庭深入研究并应用了《国家对国际不法行为的责任条款草案》的法律条文，并基于辅助性条款为其观点和判决结果提供了理论支持。综上所述，仲裁庭没有必要审查 BIT 条款。

必须明确的是，国际习惯法中必然包含《国家对国际不法行为的责任条款草案》以及 BIT，然而在实际应用中，这两部法律的效力先后顺序，以及是否可以相互替代，一直存在争议。学术界和实务界对此均持怀疑态度。在本文中，笔者对国内外的研究成果和结论进行了系统的梳理和总结，并结合个人见解，提出了最终的结论。笔者认为，BIT 实际上限制了其他法律的适用范围。以《国家对国际不法行为的责任条款草案》为例，尽管它早已被纳入国际习惯法体系，但作为特别法的 BIT 与之存在类型上的差异。因此，在分析《国家对国际不法行为的责任条款草案》与 BIT 的优先级时，应考虑具体情形，通过确定适用范围和要求来决定在司法实践中应采用哪部法律。

　　国际法院多次强调："尽管国际习惯法和国际条约法存在一定的相似性,但是二者的适用范围各不相同。也就是说,在国际习惯法适用的范围内,国际条约法可能并不适用,反之亦然。总的来说,二者相互影响,相互独立。"学者们普遍表示,条约规则和习惯法规则之间存在一定的相似性,在特殊环境下可以等同对待。也就是说,在法律明确的情况下,国际条约法可以代替国际习惯法。

　　根据相关规定对 BIT 的内容及其适用范围进行解读,可以发现,为了更好地维护投资者的合法权益,应当将 BIT 与国际习惯法相结合,构建更为完善的制度体系。从另一个角度来看,如果 BIT 未能对具体案件作出明确界定,那么应依据国际习惯法进行裁决。在"LG&E Energy Corp., LG&E Capital Corp. and LG&E International Inc. v. Argentine Republic"案中,仲裁庭的裁决方法是合理的,并可作为其他案例的参考,具有一定的借鉴意义。然而,相比之下,在"CMS Gas Transmission Company v. The Argentine Republic"案和"Enron Creditors Recovery Corporation (formerly Enron Corporation) and Ponderosa Assets, L.P. v. Argentine Republic"案中,仲裁庭的裁决行为暴露出的诸多问题,从法律推理的角度来看是不合理的,因此需要采取措施进行整改。实际上,通过比较可以发现,无论是国际习惯法还是BIT,二者都对例外条款的内容和适用范围进行了明确界定。另外,国际习惯法还加入了对危急情况的处理方案和具体内容,这是 BIT 所缺乏的。综上所述,应当发挥国际习惯法和 BIT 各自的优势,通过互补合作,形成一个更加完善的法律制度体系,从而实现更强大的协同效应。此外,"CMS Gas Transmission Company v. The Argentine Republic"案的撤销委员会通过对案件的深入分析和研究,对仲裁庭的裁决结果提出了反对意见,并提供了详尽的理论依据进行解释。委员会认为,仲裁庭在司法裁决过程中主要参考了《国家对国际不法行为的责任条款草案》,并在必要时通过美国与阿根廷签订的 BIT 进行补救。如果在司法实践中出现错误判断,应当选择《国家对国际不法行为的责任条款草案》进行补充,以防止事态进一步恶化。假设阿根廷的行为已被认定为违法,那么应依据国际习惯法对其责任进行豁免。

　　国际习惯法旨在规范国际法上可能被认定为不当行为的情形。它为国家在某些例外情况下提供了必要的灵活性。在遭遇不可抗力、危急情况或危难时,国家可以援引这些条款来豁免其应承担的国际责任。遭遇不可抗力意味着国家面临无法预见、无法避免、无法克服的状况,导致无法履行其应尽的义务,在这种情况下，国家的行为被称为"上帝的行为"；危急情况是指国家处于必须采取行动以维护其核心利益的紧急情况，但这种行动不应以损害其他国家利益为代价；遭遇危难时，国家为了保护本国公民，不得不采取违反法律权利义务的行为，并且这种行为是唯一的选择。这三种情况的抗辩均可以使国家免于承担责任。然而，这与根本安全例外条款在性质、抗辩理由、法律来源和适用范围上存在显著差异。

第一，国际习惯法上的抗辩与根本安全例外条款性质不同。国际习惯法上的抗辩是对条约义务的违反，它的使用实际上是为国家免除国际法律责任提供了一个托词。而根本安全例外条款则来自条约的具体规定，它是基于国家之间的条约的实体保护而去消除国家的某些行为，与国际习惯法上的事后抗辩有着本质的区别。

第二，国际习惯法上的抗辩与根本安全例外条款的抗辩理由不同。前者是因为要解除来自政策措施产生的后果的责任，且这些后果的实施者不应该危害自身生命或威胁到国家根本利益。后者则是条约中允许国家为了特定的目的而行使保护国家的行为。

第三，国际习惯法上的抗辩与根本安全例外条款的法律渊源不同。前者是国际习惯法的主要部分，属于二级法律规则，它是为了事后免除责任而进行的抗辩。后者则来自条约法，属于一级法律规则，它是限制国际条约中某些行为的适用，并成为BIT中对签署国家均产生法律效力的构成部分。

第四，国际习惯法上的抗辩与根本安全例外条款的适用范围存在差异。前者作为国际习惯法的一部分，适用于所有国家，并且是一种单方面的抗辩，其含义不会因解释不同而有所变化。后者则来源于国际投资条约，仅适用于签署该条约的国家。因为国际投资条约的签署是国家间利益权衡博弈的结果，所以国家可以对这些条款的术语定义施加限制。即便条款术语相同，不同国家在起草条约时可能有不同的理解与解释。因此，对根本安全例外条款的运用和理解必须结合具体争议事项和条款内容进行详细分析和阐释。

二、国际投资仲裁中国家安全问题的实践

（一）NAFTA下国家安全问题仲裁实践

NAFTA在国际投资仲裁领域的司法实践，已成为众多国家在制定区域性条约及BIT时的重要参考。此外，NAFTA对环境保护给予了高度重视，并制定了相应的环境保护措施，相关条款指出，鉴于全人类共同居住在地球村这一事实，任何情况下都不应损害地球环境，而应积极采取保护措施，以确保我们共同的家园更加健康。自该条款提出以来，众多国家的专家学者纷纷对环境保护议题进行了深入研究，许多国家也相继推出了环境保护相关政策，建立了相关案件的审理机制。同时，一些投资者对特定问题进行了深入探讨，比如，在保护国家环境健康和其他公共利益引发的争议中，其他国家是否可以提供支持。

1."Metalclad Corporation v. The United Mexican States"案

在墨西哥，有一家公司曾试图扩大其危险废物处理站的规模，以使之成为当地的一个大型处理设施。然而，由于管理不善，该处理站发生了由有害物质引发的爆炸事故，造成环境严重污染。随后，Metalclad公司斥巨资收购了这家墨西哥公司及其危险废物处理站。但是，处理站位于国家居民饮用水源上方，导致当地政府和居民强烈反对该设施的运营。在政府的压力下，Metalclad公司不得不放弃该地点，最终该地区被划为生态保护区。1997年1月，Metalclad公司依据NAFTA相关条款向墨西哥政府提起诉讼。Metalclad公司的诉讼理由是当地政府对危险废物处理站的无偿征用导致公司遭受重大损失。另外，Metalclad公司还指控墨西哥政府未对外国投资者提供公平待遇。2000年8月，仲裁庭审理此案后裁定，墨西哥政府需向Metalclad公司支付约1670万美元的补偿金。仲裁庭认为，墨西哥政府拒绝批准Metalclad公司对该地的使用和建设，并将其划为生态保护区，存在间接征收的嫌疑，违反了NAFTA对外国投资者权利的保护规定。此外，墨西哥政府在投资过程中未向Metalclad公司充分披露相关法律法规，未能满足NAFTA对缔约方透明化法律要求的规定。

2."Sun Belt Water, Inc. v. Canada"案

Sun Belt Water公司（以下简称SBW公司）是一家注册于美国加利福尼亚州的企业。该公司于1990年与加拿大的Snowcap Waters公司签订了一份淡水出口合

同,计划通过海运将水从加拿大的不列颠哥伦比亚省运往美国加利福尼亚州。但合同签订后不久,不列颠哥伦比亚省实施了一项临时禁令,禁止大规模淡水出口,随后该禁令被立法机构永久化。这迫使SBW公司和Snowcap Waters公司支付了巨额赔偿。Snowcap Waters公司拒绝支付,并声称该禁令违反了法律,损害了其利益,违反了国际法律准则。

加拿大政府则辩称,颁布禁令是为了保护国家的饮用水资源。鉴于工业发展对自然环境的负面影响,以及全球水资源短缺的现状,政府认为保护水资源对国家的长远发展至关重要。政府决定牺牲部分投资者的利益,以确保民众的水资源权益。环保组织和公众也逐渐意识到水资源的重要性,并呼吁加强保护。尽管出口水资源可能带来短期利益,但其对环境和人类居住地的损害是不可逆的,因此必须限制出口。水资源是全人类的共同财富,政府必须代表民众行使权力,保护水资源。如果政府不重视水资源的交易和使用,更多的企业将试图控制这一资源,导致政府无法有效保护水资源,对人类生存环境造成永久性伤害。因此,政府必须高度关注并采取措施。

不管加拿大政府禁止淡水资源出口是基于公众健康考虑还是其他原因,这一行为都对正常贸易产生了影响。它不仅违反了投资者的国民待遇原则,还导致了投资者提起仲裁。值得注意的是,在该公司提起诉讼后,美国和加拿大政府都颁布了禁止大规模淡水交易的政策。尽管如此,该公司的案件至今还未被受理。

3.“Ethyl Corporation v. The Government of Canada”案

位于美国弗吉尼亚州的Ethyl公司,主要生产一种名为甲基环戊二烯三羰基锰的汽油添加剂,该添加剂在业界通常简称为“MMT”。然而,由于MMT对人体健康可能构成的风险,加拿大政府曾颁布禁令,禁止该汽油添加剂的国际贸易活动。但是,依据NAFTA第十一条的规定,Ethyl公司认为加拿大政府的禁令构成了管理性征收,并对其市场声誉和业务发展造成了无法估量的损害。因此,在1997年4月,Ethyl公司向加拿大政府提出了索赔。出人意料的是,到了1998年7月,加拿大政府不仅撤销了对MMT的禁令,还对Ethyl公司进行了经济补偿,并公开声明该汽油添加剂对人类健康无害。但是以往的调查结果,又明确指出该添加剂可能对人类神经系统产生不良影响,这表明加拿大政府最初的禁令并非毫无根据。

不过,在NAFTA框架下进行投资争端仲裁时,若东道国的国家管理行为对外国投资者不利,外国投资者往往会将这些行为与NAFTA第十一条条款中提及的间接或直接征收相联系,并据此提起诉讼。尽管最终该案件以双方和解结束,但巨额的赔偿要求显然与加拿大政府取消对MMT交易禁令的决定密切相关。为了避免未来类似案件的发生,加拿大政府针对MMT颁布的禁令仅限于跨国交易,并未触及生产领域。换言之,加拿大并未在投资层面采取限制措施,而是在贸易方面实施了限制。由于该公司是加拿大唯一能生产MMT的厂商,所以其他公司并未受到此禁令的影响。这也正是该公司认为该贸易法律缺乏公平性的原因。同时,加拿大政府缺乏MMT可能导致人体神经系统损害的确凿证据,否则可能会直接将该公司排除在加拿大市场之外。

Ethyl公司在美国也曾面临环保部门的禁止令,该令针对其汽油添加剂的生产。相关实验报告指出,MMT对动物神经系统有影响,但由于缺乏证据显示其对人类同样有害,该禁令在多年后被撤销。Ethyl公司在美国的胜利可能影响了加拿大政府撤销相关条例的决定。要确定MMT禁令的合法性,需要更多证据支持。然而,在研究过程中,全球的健康学家和环保科学家发现,过量摄入锰可能损害人体神经系统,导致多种疾病。因此,我们有必要了解和认识MMT的潜在毒性,以避免过度吸入。特别是对于矿工而言,该物质的吸入可能引发早发性死亡。加拿大政府对MMT的研究和禁令是否合理仍存争议,不能简单地认为它与人类健康无关,这种观点并不被普遍接受。同时,美国明确拒绝与加拿大政府就MMT进行讨论和解决问题,这从侧面反映了加拿大政府在MMT禁令的颁布上采取了和传统贸易措施不同的态度。

(二)ICSID 国家安全仲裁实践

仲裁庭当前对于投资者和国家之间存在的争议问题,主要以根本安全例外条款为准。仲裁庭需要对这些条款给予详细的解释并构建理论框架,还要为其解释提供科学的解释方法。

在"CMS Gas Transmission Company v. The Argentine Republic"案中,作为TGN天然气公司投资者的CMS公司向ICSID提起了仲裁申请,声称阿根廷在1999年至2002年期间采取的一系列措施违反了美国与阿根廷的BIT。在"Enron Creditors Recovery Corporation (formerly Enron Corporation) and Ponderosa Assets, L.P. v. Argentine Republic"案中,Enron公司于2001年2月诉诸ICSID,声称阿根廷采取的措施给Enron公司造成了严重损失。在这两起案件中,仲裁庭认为阿根廷援引根本安全例外条款所使用的措施缺乏合理性。而在"LG&E Energy Corp., LG&E Capital Corp. and LG&E International Inc. v. Argentine Republic"案中,LG&E公司声称阿根廷于经济危机期间采取的一系列诸如比索化等一系列措施严重影响了LG&E公司的投资利益。在"Continental Casualty Company v. The Argentine Republic"案中,Continental Casualty公司于2003年诉诸ICSID,声称阿根廷制定了一系列的法令和决议损害了投资者所持有资产的法律保障。在后面两个案件中,仲裁庭认为整个例外条款所采取的措施符合法律标准。由于这四起案例存在较大争议,所以仲裁庭须对这四起案件中的两种矛盾性予以裁决,以确保法律的科学性和理论的合法性得到统一。当条款存在争议时,仲裁庭需要参照相关公约的内部要求,进行法律条款方法的详细解答,这也是国家和投资者所希望的一种解决方式。

以"CMS Gas Transmission Company v. The Argentine Republic"案和"Enron Creditors Recovery Corporation (formerly Enron Corporation) and Ponderosa Assets, L.P. v. Argentine Republic"案为例,仲裁庭认为阿根廷援引根本安全例外条款的准确性不足,并未对其相关事件作出明确回应。同时,仲裁庭认为阿根廷违反了公平公正待遇原则。仲裁庭并未将阿根廷BIT中的不排除措施条款视为自动适用的规范,而是参考了《国家对国际不法行为的责任条款草案》,特别是其中的第二十五条关于危急情况的规定。具体内容如下,(a)一国不得援引危急情况作为理由解除不遵守该国某项国际义务的行为的不法性,除非:(ⅰ)该行为是该国保护基本利益,对抗某项严重迫切危险的唯一办法;而且(ⅱ)该行为并不严重损害作为所负义务对象的一国或数国或整个国际社会的基本利益。(b)一国不得在以下情况下援引危急情况作为解除其行为不法性的理由:(ⅰ)有关国际义务排除援引危急情况的可能性;(ⅱ)该国促成了该危急情况。

实际上,在"CMS Gas Transmission Company v. The Argentine Republic"案和"Enron Creditors Recovery Corporation (formerly Enron Corporation) and Ponderosa Assets, L.P. v. Argentine Republic"案中,仲裁庭依据第二十五条的规定,在危急情况下可以对相关因素进行分类,并将抗辩中的关键性因素作为证据提交。除此之外,通过提交其他证据也同样适用。关于阿根廷可以采取哪些措施,研究者和经济学家们并未形成一致意见。在这种情况下,对于阿根廷所选择的手段是否可以认定为唯一方法,存在一定的争议。此外,仲裁庭认为,国家经历经济危机后,无论其影响的大小,都不能成为适用危机原则的紧迫性条件。

在"LG&E Energy Corp., LG&E Capital Corp. and LG&E International Inc. v. Argentine Republic"案中,仲裁庭认为阿根廷在处理案件时违反了公平公正待遇原则。仲裁庭对美国与阿根廷BIT第十一条以及《国家对国际不法行为的责任条款草案》第二十五条进行了深入分析,接受了阿根廷提出的危急情况抗辩,裁定阿根廷无须赔偿,但这一裁决仅限于特定时期内有效。与"CMS Gas Transmission Company v. The Argentine Republic"案和"Enron Creditors Recovery Corporation (formerly Enron Corporation) and Ponderosa Assets, L.P. v. Argentine Republic"案相比,"LG&E Energy Corp., LG&E Capital Corp. and LG&E International Inc. v. Argentine Republic"案中的仲裁庭在程序认定上存在显著差异。在"CMS Gas Transmission Company v. The Argentine Republic"案和"Enron Creditors Recovery Corporation (formerly Enron Corporation) and Ponderosa Assets, L.P. v. Argentine Republic"案中,仲裁庭依据国际习惯法中关于危急情况的详细规定,对事件进行了评估,发现阿根廷的社会形势与危急情况的条件不符。仲裁庭认为,美国与阿根廷BIT中的条款与国际习惯法的规定相似,因此没有对美国与阿根廷BIT中的条款进行深入探讨。然而,在"LG&E Energy Corp., LG&E Capital Corp. and LG&E International Inc. v. Argentine Republic"案中,仲裁庭在详细审查美国与阿根廷BIT后,又对国际习惯法进行了重点研究,同时从阿根廷国内法律出发,通过一系列比较分析,探讨了美国与阿根廷的BIT第十一条是否可以被视为自行判断条款。最终,仲裁庭得出结论,美国与阿根廷的BIT第十一条不应被归类为自行判断条款。

值得注意的是,仲裁庭在解释美国与阿根廷的BIT第十一条时认定,阿根廷所采取的措施享有一定的免责权。仲裁庭认为,阿根廷正经历社会危机,国家处于动荡之中,需要采取措施以确保公共秩序不受侵害,保护国家利益。另外,关于美国与阿根廷的BIT第四条第三款的适用,仲裁庭认为,阿根廷采取的措施主要是为了应对经济危机,并未违反条款规定。因此,可以认定阿根廷采取的措施并未损害美国的法律权益,应予以免责。

仲裁庭深入分析了《国家对国际不法行为的责任条款草案》中关于危急情况的条款,以支持自身的观点。仲裁庭认为,在经济危机的背景下,阿根廷面临国家安全的严重威胁,导致国内政治、经济和文化活动无法正常进行,从而对阿根廷的基本利益造成了重大影响。尽管对唯一认定存在一定的异议,但仲裁庭认为阿根廷在经济危机期间采取的措施是当时可行方案中最合理的,且其他国家并未因此遭受损失。然而,关于阿根廷是否应就经济危机期间采取的措施进行赔偿,仲裁庭认为现行条款中没有明确要求赔偿损失的规定,因此,仲裁庭最终裁定阿根廷无须对其所采取的措施带来的后果进行赔偿,所有损失由LG&E公司自行承担。

在"Continental Casualty Company v. The Argentine Republic"案中,仲裁庭对阿根廷依据相关条款规定的危急情况所作出的解释表示了支持。仲裁庭认为,美国与阿根廷的BIT第十一条具有显著的司法性。在审理此案时,仲裁庭指出,尽管美国法律允许阿根廷采取多种措施以保障公民的安全利益,但这些措施是否适用于本案尚需进一步考量。仲裁庭强调,公共秩序和安全利益的定义相当宽泛。仲裁庭认为,为了维护国内的和平与稳定,防止社会秩序受到破坏,并协助阻止可能危害国家的行为或事件,中央政府采取的行动具有高度的合理性。即便是在经济危机或社会动荡的情况下,只要这些措施能够确保民众利益不受损害,它们就具有高度的合理性。在审理过程中,仲裁庭对阿根廷在21世纪初所经历的国家事件进行了总结,并在深入分析《国家对国际不法行为的责任条款草案》第二十五条后得出结论,安全利益不仅包括国家安全,还应包括人民的健康等其他利益。美国的主要目标是保护国家的地理和安全利益不受侵犯。作为全球性强国,美国有能力保留或冻结外国投资者在美国的资产,并实施单边经济制裁。在这种情况下,不能排除条约另一方在涉及其他不同性质的安全利益时,可以使用相关条款的具体保护措施。

经过深入分析,仲裁庭认为,对于国家采取的措施应进行客观评估,包括升值幅度等关键因素。在危机发生期间进行评估并不适宜,正确的做法是待整个事件结束后,基于事件产生的影响进行全面审视。在审视美国与阿根廷BIT第十一条时,关于缔约方是否可以自行决定援引条款的问题,仲裁庭认为该条款在本案中不适用。在分析被申诉方提出的质疑时,仲裁庭探讨了所采取的措施是否旨在保护公共秩序不受侵犯,以及是否为维护国家安全而采取的必要措施。为此,仲裁庭依据相关法规对必要条款进行了审查,并提出了可应用的标准以供判断,随后根据这些标准进行了详尽的分析。在讨论过程中,仲裁庭主要考虑了两个方面:第一,是否存在可替代的措施,并且这些措施在实施后是否能有效消除危机;第二,阿根廷在实施措施后,是否有可能采取其他措施和政策来避免申诉方根据该措施提出质疑。

三、国际投资仲裁中国家安全问题的界限

(一)安全利益的范围限制

结合以上经典案件进行分析不难发现,当事人之间就经济利益是否归入安全利益存在意见分歧,为此争论不休,未达成一致意见。参考现行的国际习惯法相关条款可知,经济利益在很早之前就被纳入根本利益范畴内。以"CMS Gas Transmission Company v. The Argentine Republic"案为例,通过案情分析可知,仲裁申请人多次指出并强调,安全利益的适用范围已经被明确,或是出现在战争中,或是和自然灾害有关,或是出现在国家生死存亡之际。也就是说,安全利益的法定适用范围是固定的,这和经济利益存在明显区别。以"Enron Creditors Recovery Corporation (formerly Enron Corporation) and Ponderosa Assets, L.P. v. Argentine Republic"案为例,站在仲裁申请人的立场来讲,应该依据法律法规中的相关规定明确经济利益和安全利益之间的差别,以此为基础作出公平公开的判决。

美国与阿根廷BIT中虽然提及了"国家危急情况"这一概念,但是至今都没有就其含义和范围作出详细解读和阐述,这点应该重点关注。其明确强调,作为缔约一方,应该行使基本的法定权利,通过日常流程对公共秩序提供有效的保护,采取措施维护国家安全,有效保护当事人的安全利益,体现法律的有效性和实践性。需要明确的是,这里提及的"安全利益",并未就具体的概念和范围作出明确的界定。不仅如此,相关条约中也没有进行阐述。仲裁庭要对这一条款的适用范围给出自己的理解和观点,但前提是必须围绕实际作出阐述,否则就失去了法律意义和法律价值。针对"CMS Gas Transmission Company v. The Argentine Republic"案,仲裁庭就具体的案情给出了自己的看法和建议。一切判决结果的产生都应该注意一个前提,即双边条约存在两面性。也就是说,应该同时兼顾当事人双方的合法利益,作出最公平的判决,维护良好的司法秩序,为当事人的合理利益提供法律保障。若对安全利益的适用范围进行压缩,则不利于政治安全和国家安全的维护和保障。特别是在处理国际性案件时,必须明确经济利益和国家安全利益的联

系。通过分析与讨论,给出最合理的判决结果,否则可能会引起国际性冲突。在这种情况下,不仅经济利益会受到影响,也无法保障国家安全利益。综上所述,上述观点和条约解释规则的理念和原则是背离的。

在"Enron Creditors Recovery Corporation (formerly Enron Corporation) and Ponderosa Assets, L.P. v. Argentine Republic"案中,仲裁庭应该在作出判决时保证司法公平性。仲裁庭经过讨论一致认为,目前的条约还没有对"安全利益"的概念和范围进行明确的界定,能够参考和借鉴的法律法规也非常少。在这种情况下,应该依据国际法针对经济利益是否应该归入安全利益给出决断,从而得到合理的判决结果。笔者在本文开展的相关研究与论述过程中对包括"LG&E Energy Corp., LG&E Capital Corp. and LG&E International Inc. v. Argentine Republic"案和"Continental Casualty Company v. The Argentine Republic"案在内的多个案件进行梳理和分析,提出个人观点:仲裁庭的判决是合理的。究其原因,主要是因为那个时期的阿根廷已经实现经济快速发展,如果经济基础倒塌,必然会出现严重国际性冲突。

司法领域已经明确指出,安全利益应该包含经济安全,这一观点得到司法界和学术界的一致认可,并在司法实践中得到推行。但与此同时也会出现新的问题:经济危机的严重程度应该依据什么来判断,是否会对安全利益造成直接影响,是否导致当事人面临一定的生存和发展危机。这些都是需要重点考虑的问题,如果放任不管,必然会带来严重影响。不同的仲裁庭就以上问题给出了各自的看法和观点。以"CMS Gas Transmission Company v. The Argentine Republic"案和"Enron Creditors Recovery Corporation (formerly Enron Corporation) and Ponderosa Assets, L.P. v. Argentine Republic"案为例,仲裁庭表示上述观点是错误的,在现实司法实践中是不合理的。以"LG&E Energy Corp., LG&E Capital Corp. and LG&E International Inc. v. Argentine Republic"案和"Continental Casualty Company v. The Argentine Republic"案为例,仲裁庭表示,阿根廷面临严重的经济危机,如果不能在短时间内得到缓解,必然会威胁安全利益。不得不说,经济发展存在一定的规律性。国家经济状况受到经济快速发展的影响,一旦出现经济危机,国家各行各业都会受到影响。作为仲裁庭,应该对经济危机的严重程度进行客观综合的分析与判断,然后明确经济危机是否会对安全利益造成影响。站在仲裁庭的立场来说,在判断经济危机严重程度的过程中会遭遇各方阻力,这是必然的。① 在"CMS Gas

---

① 例如,在"Sempra Energy International v. The Argentine Republic"案中,专家和仲裁庭对阿根廷经济危机结束的时间就存在着2003年中期、2004年底、2005年初等几种不同看法。

Transmission Company v. The Argentine Republic"案中，仲裁庭认为，经济危机的出现会影响社会安定，大批人将面临失业危机。因此，单纯把社会崩溃理解为严重的经济危机这一观点是不合理的，相对来说比较严苛。究其原因，主要是因为一旦经济危机发展到了某种程度，想要临时采取补救措施为时已晚，造成的损失将是无法估量的。

（二）应对国家安全采取的措施限制

仲裁庭一致认为应该解决的问题是：阿根廷在面临危机时采取的措施是否受到限制。也就是说，除了这一措施是否还有其他方案，是否必须满足根本安全例外条款的适用要求。在"CMS Gas Transmission Company v. The Argentine Republic"案和"Enron Creditors Recovery Corporation (formerly Enron Corporation) and Ponderosa Assets, L.P. v. Argentine Republic"案中，仲裁庭明确指出，应该对国际法委员会的观点和建议进行采纳，然后结合实际作出判决。假设存在其他可行方案，应该避免援引"危急情况"条款，即使需要付出更多的代价，也不能选择危急方案作为唯一的解决方案和应对措施。不过仲裁庭在后续的司法实践中，没有对认定的依据和参考作出解答。在"Enron Creditors Recovery Corporation (formerly Enron Corporation) and Ponderosa Assets, L.P. v. Argentine Republic"案中，仲裁庭通过经验论证分析了国家面对危机时能够采取的方案和措施。在仲裁庭看来，阿根廷的行为虽然有理可循，但是并不是唯一可行方案。在"LG&E Energy Corp., LG&E Capital Corp. and LG&E International Inc. v. Argentine Republic"案中，仲裁庭就上述观点进行驳斥，认为阿根廷面临严重的经济危机，国内社会动荡不安，这种情况下应该考虑的是如何在短时间内缓解社会压力，而不是纠结选择怎样的方案和措施。只要能够在短时间内实现经济复苏，帮助国家重新步入正轨，选择怎样的措施并不重要。总的来说，不管是"LG&E Energy Corp., LG&E Capital Corp. and LG&E International Inc. v. Argentine Republic"案还是"Continental Casualty Company v. The Argentine Republic"案，各个仲裁庭的认定方式相对宽松。但是在笔者看来，上述经济危机的认定方式存在漏洞，可能会出现这样的情况：及时采取了紧急措施，但并未起到应有的效果，此时被迫接受一国援引"危急情况"条款。

（三）适用国家安全抗辩合法性判定的限制

参考"CMS Gas Transmission Company v. The Argentine Republic"案中的仲裁庭的意见和观点可知，应该依据国家意图和法定义务判定援引是否合法。假设并未履行义务或没有表现出国家意图，应该排除在援引要求之外。在"Enron Creditors Recovery Corporation (formerly Enron Corporation) and Ponderosa Assets, L.P. v. Argentine Republic"案中，仲裁庭明确表示，自行判断条款的提出与实施应该对特定环境或范畴作出界定，从而表达真实的国家意图，确保法律条款可以体现例外属性。不得不说，上述两个仲裁庭的观点和意见从某种意义上来说是相近的。

以上各个仲裁庭明确指出，美国与阿根廷BIT中并未针对国家危急情况的概念作出详细具体的概述，缔约一方可以结合实际制定相关措施，从而维护基本安全利益。在"CMS Gas Transmission Company v. The Argentine Republic"案中，仲裁庭经过司法实践重点强调，需要在BIT中对危急情况的范围和界限进行明确，否则可能导致权利得不到基本的保障，仲裁庭无法行使基本的自由裁量权。作为缔约国，应该具备认定"国家危急情况"的资格和能力，否则会影响重大安全例外条款的功能，这种情况下想要发挥保障作用难度极大。在"CMS Gas Transmission Company v. The Argentine Republic"案中，仲裁庭多次表示，阿根廷在2001年爆发经济危机，对国内经济、政治以及文化等多个领域造成重大影响。即便如此，都不符合"国家危急情况"的要求和条件。因此，仲裁庭不会轻易认定危急情况。虽然不同仲裁庭就国家危急情况的认定条件和要求各不相同，但是国家可以行使自行判断权。一旦出现危急情况，需要及时采取应急措施，避免遭受巨大损失。

需要明确的是，根本安全例外条款的适用范围应该通过国内法律进行界定。通常情况下，我们应该了解国家安全保护的范畴，明确国内的社会秩序，掌握国家公共利益的判定条件等。然后，依据上述因素对安全利益的范围和界限进行阐述和分析。笔者对阿根廷系列案件进行研究与分析得出结论，仲裁庭始终作为监察主体，负责界定国家主权领域通常会出现的争议。结合"CMS Gas Transmission Company v. The Argentine Republic"案提出的修正裁决措施进行对比论述就能发现，虽然认定原审裁决并未被大家所认可和接受，但是还是判决阿根廷需要支付赔偿金。这种情况下就会引出新的问题，国家政府是否应该接受仲裁庭的权利认定，一时间国家司法领域就上述问题引发激烈讨论和争议。

　　参考西方人权学说的相关理论,自行判断权最早出现在欧盟国家。通过与国际经济法的结合运用,自行判断权能够有效地弥补法律的不足,进而彰显立法的强制性和实用性。从仲裁者的角度来看,他们在裁决涉及安全利益的案件时,可以借鉴自行判断权,从而拥有可参考的法律机制。这对于安全利益的确认和实践具有积极的影响。这一模式在国际司法领域也得到了广泛应用。那么,自行判断权为何能获得仲裁者的青睐呢? 其根本原因在于,自行判断权能够对相关法律条款进行司法解释,并通过赋予国家权利来提供满足需求的政策空间。这样一来,监管者便能以仲裁者的身份行使权力,这对于确保司法的合法性和有效性具有重要的意义。

　　参考诚实信用原则的相关理论进行分析,可以发现,上述条款是否发挥作用主要取决于投资者选择的措施。换言之,BIT 限制了国家的行为和权利。国家应基于同意原则,对自身面临的风险进行分析和预测,以维护安全利益。此外,仲裁庭在诚实信用原则的约束下,应对国家缔约方的自行判断权资质进行审查,并以此为依据,判断其是否能够发挥法律效力,是否能准确表达国家意图。

　　另外,如果根本安全例外条款中未明确具体的审查标准和要求,且不存在自行判断条款,那么应当体现自行判断权的其他功能,即对条款的适用性进行协调,以实现风险平衡的作用。同时,还应确保对国家权利自由的适当保护。需要明确的是,由于技术水平和条款目的的直接影响,自行判断权可能会限制条款的引用行为,因此国家无法及时采取紧急措施,从而遭受重大损失。笔者认为,根本安全例外条款不应带有主观性,而应基于对国家主体实际情况的了解,以此作为协调条款的依据。同时,还应依照法律法规对投资者进行审查,以发挥制度的监管作用。

　　从国家的角度出发,应充分利用 BIT 的法律效力,以保障国家投资活动的健康持续发展。在这一过程中,不可避免地会遇到涉及根本安全例外条款的事件。在这种情况下,应通过精心起草和合理解释条款来分配风险,为国际合作的推进奠定坚实的制度基础,营造良好的法律环境。这对于实现长远的战略目标和价值具有重要意义。尽管仲裁庭普遍认为,BIT 能够对国内投资产生积极而持久的影响,但大多数国家或地区仍不愿接受仲裁庭的裁决和审查,更倾向于依靠自行判断来缓解经济发展带来的压力。不可否认,根本安全例外条款的存在为投资者提供了一定程度的保障,使他们更愿意依据该条款来降低风险,从而维护自身利益。

这种做法与国家的发展理念更为契合,同时也能减少赔偿金的支付。然而,仲裁庭期望通过审查根本安全例外条款来限制国家行为。这表明,仲裁庭与国家之间存在着一种固有的对立关系。

自行判断权在国际司法领域具有重要作用和功能,它对于国际投资体制的完善与健全具有积极的影响,并且可以作为国家维护自身利益、享有基本权利的措施和方案。在笔者看来,自行判断权的作用主要体现在,国家可以基于自行判断权来签署BIT,从而开展一系列国际投资业务,通过对外投资获取实质性的收益,满足自身发展需求的同时缓解国内经济发展的压力,实现对风险的分配和控制。从投资者的角度进行分析,应该通过自行判断权的视角来解读根本安全例外条款的内容和适用范围,为后续投资业务的开展奠定基础,创建良好的制度环境。而仲裁员应该基于自行判断权对投资对象的利益关系进行平衡,避免出现恶意竞争现象。相比之下,投资者更加关注国家利益,仲裁员则更加侧重整体利益。

借鉴阿根廷的经验,我们可以得出一些有价值的结论。经济危机对国家建设和社会发展造成的损害是巨大的,它甚至可能影响投资者的决策,从长远来看,这不利于国家签订BIT,可能导致国家陷入困境,短期内难以恢复。在这种情况下,发挥根本安全例外条款的战略作用显得尤为重要。签订和实施这些条款可以帮助国家在短期内实现经济复苏,迅速摆脱经济危机。国家需要对根本安全例外条款有深入理解,并通过这一措施应对已经出现的经济危机。仲裁庭则负责认定经济危机的危急情况。通常,仲裁庭会将灾难性的经济崩溃视为危急情况,这一观点在国际社会中已形成共识。根据BIT的内容和适用范围进行分析,可以看出,经济利益已被纳入根本安全例外条款中,其目的是转移和分配风险,从而维护投资者的利益。

因此,国家在国际投资领域应严格遵守例外条款。从长远来看,这有利于风险控制,并有助于通过对外投资推动经济发展,进而减轻国内经济压力。通过对比分析上述案例的裁决结果,可以发现,根本安全例外条款并非适用于所有国家或环境,其适用范围和要求相对严格。然而,无论情况如何,该条款都能发挥风险分配的作用,为国家完善国际经济制度提供依据,具有重要的战略价值和实践意义。仲裁庭应通过司法解释明确根本安全例外条款的具体内容和条件,并保持一致性和连贯性地完成司法解读。在此过程中,涉及的专业术语应通过司法解释来阐述,发挥条款控制风险的功能和作用。此外,应明确自行判断权对国际投资业务的战略价值,通过条款的制定与实施审查国家是否满足条款要求和适用范围,从而构建健全的法律制度。

仲裁庭必须明确其职能与责任。在笔者看来,仲裁庭的职责包括阐释根本安全例外条款的内容和适用范围,并为投资者与国家间的风险分担提供指导性意见。通过构建和实施制度框架,仲裁庭能够规范投资者的行为。以阿根廷案例为例进行分析,可以发现,司法裁决中存在显著的矛盾。因此,有必要提出一种方案,在最大程度上实现理论与实践的和谐统一。只有实现了这种统一,法律制度的有效性才能得到发挥,争议得以消除,进而营造一个良好而有序的制度环境。尽管条约的制定与执行过程中难免出现争议,但仲裁庭应依据VCLT的相关规定和适用标准来解释根本安全例外条款,以满足国家和投资者的需求,保障基本权利。

综上所述,若条约未明确禁止,国家可自行判断其危急情况,否则将违反国际法对危急情况的规定和标准。从条款内容分析,仲裁庭所强调的BIT规定有助于制度的健全和完善,国家在行使自行判断权时必须满足一定的前提条件,否则该行为将被视为无效。GATT对根本安全例外条款的解释明确界定了其具体内容与适用范围,强调缔约方应依法维护自身安全利益,但不得超越仲裁庭赋予的权利。从政治环境的角度分析,国际争端的产生是不可避免的。在国际争端发生时,投资者通常寻求法律援助,而非依赖自行判断条款来维护自身的利益,同时投资者更倾向于通过第三方来进行补救。在这种情况下,投资者的权利受到限制,可能需要承担赔偿金,这给投资者带来了沉重的负担。

(四)适用国家安全抗辩后的赔偿

美国与阿根廷BIT特别强调,若任一缔约方援引根本安全例外条款,后续违反相关法律,必须承担赔偿责任。否则视为对BIT的不尊重,将面临更严重的经济损失和其他后果。在"CMS Gas Transmission Company v. The Argentine Republic"案中,仲裁庭通过司法裁决表达了其立场,认为尽管条约鼓励通过法律途径解决争端,但一旦违反法律,必须接受相应的惩罚,包括支付一定数额的赔偿金。在"LG&E Energy Corp., LG&E Capital Corp. and LG&E International Inc. v. Argentine Republic"案中,仲裁庭明确指出,尽管阿根廷政府的行为旨在缓解其经济压力,并具有一定的正面效应,但其行为仍触犯了临时管理措施的相关法律,因此必须支付赔偿金。

《国家对国际不法行为的责任条款草案》明确指出,无论缔约方是否被排除在条款之外,一旦存在违法行为,均需承担赔偿责任。这一规定的根本原因在于,联合国国际法委员会早已确立原则,即国际法行为产生的负面后果不得转嫁,否则必须承担赔偿责任。在笔者看来,缔约国理应熟悉 BIT 的具体内容及其适用界限,并严格规范自身行为,以防止违反国际法规则,从而避免支付赔偿金。

美国与阿根廷 BIT 特别强调,若缔约方出于维护其安全利益而违反 BIT 规定,则无需支付赔偿金。然而,若后续出现违法行为,则必须考虑相应的赔偿责任。通过参考民法基础理论进行分析,可以发现,若缔约方未能满足免责要求和标准,则应承担赔偿责任,以体现法律的公平性。根据美国与阿根廷的 BIT 内容和适用要求可知,该条约并未提及免责条款。因此,免予赔偿原则应有明确的适用条件,否则可能会损害立法的公正性。

美国与阿根廷 BIT 明确指出,一旦发生争端,必须通过法律条款来解决。但目前,该法律规定并未对仲裁庭的法律适用作出明确解释,导致国际争端处理缺乏可参考的依据,从而影响司法效率。尽管《解决投资争端国际中心公约》已对上述问题进行了解释,但并未阐明具体的适用顺序以及符合规定的要求和条件。总的来说,仲裁庭在处理免责争端时缺乏有力的参考依据。

以"LG&E Energy Corp., LG&E Capital Corp. and LG&E International Inc. v. Argentine Republic"案和"Continental Casualty Company v. The Argentine Republic"案为例,仲裁庭在进行司法活动时,需要参考美国与阿根廷 BIT 的相关内容和适用范围进行解释。通过分析和判断,仲裁庭认为阿根廷面临的经济危机已符合危急情况的认定标准,因此可以提供救援和帮助。仲裁庭还参考了现行国际习惯法《国家对国际不法行为的责任条款草案》这一法律文件,通过法律法规论证其观点和行为的有效性和公平性。经过前期和后期的裁决认定,阿根廷在经济危机中采取的临时管理行为并未违反国际法,因此无需支付赔偿金,也不必承担相应的赔偿责任。通过对比分析可知,"LG&E Energy Corp., LG&E Capital Corp. and LG&E International Inc. v. Argentine Republic"案和"Continental Casualty Company v. The Argentine Republic"案的仲裁庭深入研究并应用了《国家对国际不法行为的责任条款草案》的法律条文,基于辅助性条款为其观点和判决结果提供了理论支持。综上所述,仲裁庭无须审查 BIT 条款。

第四章

国际投资仲裁正当性危机化解中的
"公共利益与私人利益"平衡

　　在笔者看来,应该通过司法路径对国家或社会公共利益提供保障。国家的相关司法机构应该通过立法来行使职权,承担相应的责任,确保立法的公平和公正,并将其视为一种普适性更强的宪政权利,引导群众履行义务。参考国际法相关规定可知,其中对国家维护公共利益的行为表示认可,并明确指出法律赋予国家行使维护公共利益的行为的权利。笔者在本文开展的相关研究与论述过程中对包括《关于自然资源之永久主权宣言》《各国经济权利与义务宪章》等在内的国际法律进行参考和借鉴,并得出结论:东道国依法征收财产的行为在法律上是有解释的。也就是说,这种行为在东道国内是合法的,是受法律保护的。不过,结合近些年来一系列相关案件进行对比分析可知,仲裁员在作出司法判决时会受到传统思维的约束,导致社会公共利益的重要性有所降低,私人财产的重要性持续增加,这种现象是不合理的,是违背法律宗旨的。在任何情况下,国家公共利益都应该凌驾于个人利益之上,否则法律就失去价值。

第一节　国际投资仲裁中的环境问题

一、国际投资仲裁中投资者的合理期待

（一）合理期待的概念

国际投资仲裁司法实践活动开展过程中经常会引入"合理期待"这一术语，用于对公法性质进行解读。通过对合理期待的渊源进行追溯可以发现，合理期待最早出现在行政法领域，经过不断的发展与演变逐渐渗透到国际投资仲裁领域，成为国际投资仲裁实践活动开展的理论依据，具有重要的理论意义。合理期待的原则应该表述为政府对投资者的关注和尊重。不同学者的研究视角存在差异，导致合理期待的概念和含义有不同的理解。欧盟把合理期待理解为投资期待，美国则把合理期待阐述为投资保护期待。

（二）国内法中的合理期待

英国的法律体系和欧盟存在较高的相似性。阿尔弗雷德·汤普森·丹宁（Alfred Thompson Denning）在其开展的相关研究与论述过程中，通过对"Schmidt v. Secretary of Statefor Home Affairs"案的分析认为，合理期待原则存在明显的程序性。合理期待的适用条件应该是确定的，一旦形成特定承诺，就必须保证政策能够发挥作用。现如今，合理期待的法律价值已经得到多个国家的认可和肯定。

德国法律在很早之前就提及合理期待这一概念，时至今日这一概念还对德国法律产生深远的影响。不得不说，德国法律体系中对合理期待的概念和含义进行了详细的阐述，具有重要的参考价值和研究意义。布朗（Brown）在其开展的相关研究与论述过程中表示：德国法律把合理期待理解为信赖保护，是德国宪法体系中不可或缺的关键组成部分，能够帮助公权力部门对相关案件进行陈述，同时还为立法提供理论依据。参考国际法相关规定可知，各国政府希望能够在实践中找到履行义务承担权利的方案和措施。如果合理期待不能发挥作用，将对司法公正产生不利影响。

美国把合理期待理解为投资保护期待,这一观点和欧盟存在较高的相似性,但也有差别。美国更加重视合理期待和财产权剥夺之间的关系,欧盟则侧重政府权力的行使。站在最高法院的立场进行分析可知,合理期待的适用范围应进行识别和区分。重点从两个方面来对其识别和区分:一是动产领域的合理期待;二是不动产领域的合理期待。需要明确的是,二者的处理方式是不同的。通过对美国司法实践活动的研究与分析可知,美国法院对于环境领域的赔偿要求持反对态度,认为只要是为了保护环境或保护人类健康,就应该依法享有免责权利,无须支付赔偿金。

不得不说,美国法律中提出的相关规定类似国际法,尤其是BIT中的征收条款,二者之间几乎不存在差别。尽管美国和欧盟在理解合理期待上存在差异,但是当涉及援引投资时,二者就可以相互替换。

(三)国际投资仲裁领域的合理期待

国际投资仲裁机构正潜移默化地接受合理期待理论,这正印证了路易斯·帕拉德·特里乌斯(Lluis Paradell Trius)和安德鲁·纽科姆(Andrew Newcombe)的言论。他们认为,合理期待的内涵包括:一是境外投资者依赖于东道国政府制定的投资政策和制度;二是仲裁机构规定了合理期待的最低要求,即期待相对稳定的、可预测的、可监控的法律体系,如裁决的公开性和一致性;三是投资者对东道国在经济发展中是否坚持公平、公正原则的期待。在以往的投资仲裁案件中,很多案件中的仲裁机构从投资者待遇公平性和公正性两方面来衡量合理期待,同时仲裁机构还将其作为评判东道国政府是否违反间接征收的主要手段。

投资者权益保护制度的核心原则是公平性原则和公正性原则,但国际投资条款通常对其没有明确的定义。根据国际投资仲裁机构解释和相关投资条款的规定,仲裁员通常根据主观认知来评估国际惯例待遇的公平性和公正性,并将其作为最基本的待遇标准。国际仲裁机构在案件裁决过程中总结出了五个判断待遇是否公平和公正的要素,其中一个要素是是否对投资者的合理期待进行保护。在近年来的国际仲裁案件中,仲裁机构越来越依赖于合理期待原则,并常将其用于评判东道国政府采取的措施是否有违待遇的公平性和公正性原则。法学家托马斯·瓦尔德(Thomas Walde)在考察二者的联系时提出:"广泛运用在宪法、欧盟法以及大多数发达国家与非发达国家的行政法中,保护由正当政府承诺产生的'合理的,基于投资的期待',这一概念在最近的适用过程中已经被认为是公平和公正待遇标准的重要组成部分。"①但部分学者表示待遇的公平性和公正性条款中的保障合理期待不符合法律规定。因为国际投资仲裁机构通常根据主观意识判断来确定合理期待的适用性,这就导致国际投资仲裁机构在裁决东道国政府采取的措施的合法性和这些措施是否有违待遇的公平性和公正性原则时缺乏一致性,从而使国际社会对仲裁的合法性产生较大的争议。

法学家迈克尔·赖斯曼(Michael Reisman)解释了间接征收概念,它是指没有健全的征收法律,但采取了实际征收措施。在"Penn Central Transportation Co. v. New York City"案中,美国法庭制定了三种征收要素原则,并指出要根据投资者的投资期望来评估征收行为。

根据历史上的国际投资裁决,评估东道国是否采取了间接征收措施,应当依据投资者合理期待的东道国盟约规则或条款。保障投资者的合理期待与众多因素相关,需要对不同类型的间接征收进行比较和判断。首先,仲裁机构必须将投资者的期待利益置于首位并予以保护;其次,东道国可以调整本国的法规政策和经济环境。然而,可以明确的是,若一个国家拒绝满足投资者的合理期待,根据国际投资法,这被视为非法的间接征收行为。国家行政部门采取的措施对投资者投资期望的影响程度,是判断是否构成间接征收的关键。这表明仲裁机构拥有较大的裁量权,可能导致仲裁流程出现断层。

二、东道国环境保护概述

(一)国际投资中环境保护的理论基础

联合国环境规划署于1987年发表了一篇有关人类共同的未来的报告,并制定了长远发展计划。报告指出,各国要在保障环境安全的情况下发展自身经济利益。经过时间的催化,很多法律文件中均涉及可持续发展的内容,尤其在投资条约中,它是以条款的形式展示给世界的。如北美签订的多边贸易协议,它在投资规定中详述了环境权益保护相关的实施标准,如NAFTA的第一千一百一十四条

---

① 朱鹏飞.论界定外资公平和公正待遇的要素:以若干国际投资仲裁案例为视角[J].东南大学学报(哲学社会科学版),2013,15(3):52.

提出了环境要求,并指出当缔约一方向另一方提供有利条件时,缔约方可通过相互沟通交流来解决纷争。①我国与乌兹别克斯坦、日本、韩国、加拿大签订的BIT中均提到环境权益保护和长远发展。

　　然而,良好的环境保护能力与投资者的期望之间往往存在矛盾。首先,从国际投资者的视角来看,投资市场的开放性意味着环境成本往往由社会而非特定企业或个人承担。因此,对环境造成的损害成本应由整个社会共同承担,而不应转嫁给单个企业或个体。此外,政府需要建立完善的环境保护体系,并加强监管力度,严格执行环境法规,以确保环境保护目标的实现。因此,采取各种环境管理措施以保障环境利益的安全,是国家为了维护社会稳定和人民安宁所必须履行的责任,也是政府行使的基本主权。国际法庭也认为,国家出于维护公共利益安全的目的而制定的特殊政策是完全必要的。比如,《经济、社会及文化权利国际公约》等国际法律文件认可了东道国以公共利益为由进行的征收行为的合法性。这表明国际社会对环境保护的重要性有着深刻的理解,国际法律文件普遍确认了东道国临时建立环境保护机制的合法性。但在实际的投资仲裁案例中,由于东道国环境利益受损的程度各异,是否符合理论上的要求仍然是一个需要进一步明确的问题。

(二)国际投资仲裁中的东道国环境保护发展历史

　　如前所述,境外投资者的利益与东道国的环境利益之间存在一种复杂的对立关系,这一点在国际投资仲裁案件中尤为突出。投资者与东道国往往会在环境问题上产生争议,而这类争议的裁决往往十分棘手。首先,缺乏明确的法律标准来判断投资纠纷案件是否涉及环境利益因素。其次,为了维护投资者的利益,仲裁机构往往不会公开重要信息,这使得外界难以进行验证。据一些学者统计,从

---

① NAFTA 的第一千一百一十四条原文:1.Nothing in this Chapter shall be construed to prevent a Party from adopting, maintaining or enforcing any measure otherwise consistent with this Chapter that it considers appropriate to ensure that investment activity in its territory is undertaken in a manner sensitive to environmental concerns. 2.The Parties recognize that it is inappropriate to encourage investment by relaxing domestic health, safety or environmental measures. Accordingly, a Party should not waive or otherwise derogate from, or offer to waive or otherwise derogate from, such measures as an encouragement for the establishment, acquisition, expansion or retention in its territory of an investment of an investor. If a Party considers that another Party has offered such an encouragement, it may request consultations with the other Party and the two Parties shall consult with a view to avoiding any such encouragement.

1972年到2015年,与环境利益相关的投资争端案例共有114起,这表明许多国家对环境利益有着深刻的认识。东道国对环境利益的重视程度越高,就越会频繁地实施环境管制措施,这在一定程度上会损害境外投资者的利益。因此,境外投资者与东道国在环境保护方面的利益很难达成一致,导致越来越多的投资者向国际投资仲裁机构以此提起仲裁。目前,国际投资仲裁机构在处理这些利益关系时,通常将投资者利益保护置于首位,其次是东道国的公共利益,这常常导致裁决上的争议。尽管投资仲裁机构开始逐渐认可东道国采取的环境利益保护措施,但尚未形成统一的共识。东道国的环境保护问题应当在国际投资仲裁领域得到更广泛关注。

前文提到了国际投资仲裁法律中关于待遇的公平性和公正性原则,以及间接征收等问题,这些都是投资者合理期待的重要组成部分。这些原则在国际投资仲裁中得到了仲裁机构的广泛认可和应用,特别是在涉及环境保护的国际投资仲裁案件中。尽管合理期待的应用范围广泛,但仲裁机构的裁决往往受到主观判断的影响,缺乏统一的标准,这导致了较大的裁量空间。因此,投资者提出的仲裁理由,如"东道国采取的环境管制措施与合理期待不符",通常会得到国际仲裁机构的接受和支持。这在一定程度上导致了投资者合理期待与东道国环境利益之间的对立。

三、东道国环境保护与投资者合理期待冲突的仲裁实践

(一)东道国环境保护主张获得支持的仲裁实践

在仲裁庭支持东道国环境保护抗辩的案件中,尽管东道国的行为对投资者的项目进展产生了影响,并满足了间接征收的构成要件,但仲裁庭认为,如果政府的行为是出于合理和善意,并且是基于环境因素的合理反应,则应予以支持。比如,在"Methanex Corporation v. United States of America"案中,Methanex公司是一家在加利福尼亚州生产汽油添加剂甲基叔丁基醚(MTBE)的公司。加利福尼亚州政府认为MTBE的生产可能对当地水资源造成影响,因此颁布了禁止在汽油中添加MTBE的法令。Methanex公司声称这一行为构成了间接征收,并向国际仲裁机构提起仲裁。仲裁庭在审理此案时强调了合理期待的相关定义。在本案中,由于加利福尼亚州政府的行动是出于公共利益,并非基于歧视,且未对Methanex公司作

出任何承诺,因此不存在合理期待的问题。加利福尼亚州政府的行为被认为是合理和善意的,是基于环境因素的合理反应,故应得到支持。再如,在"Adel A Hamadi Al Tamimi v. Sultanate of Oman"案中,投资者在采石场的操作未遵守环境法规,被当地警方叫停后,投资者随即提起国际仲裁。仲裁庭指出,在此案件中,合同终止是由于投资者的违约操作造成的,不属于国家终止。也就是说,在此过程中,不存在合理期待的问题。索赔人声称,阿曼政府的行为构成了间接征收,剥夺了其期待利益。然而,仲裁庭认为,合同的终止是索赔人的违约行为所造成的,是在合同约束范围内的合理行为。仲裁庭进一步指出,索赔人违反了开采行为规定,未遵守当地环境保护法的最高容忍标准,构成了违约。因此,当地政府终止合同的行为是合理且合法的。最终,仲裁庭驳回了索赔人的索赔要求。

同样,在"Glamis Gold Ltd. v. United States of America"案中,Glamis Gold 公司声称加利福尼亚州执行的联邦行政法规影响了他们的矿石开采进度,并违反了自由贸易的公平公正原则,构成了间接征收。然而,仲裁庭再次强调了具体保证的重要职能作用。Glamis Gold 公司的合同中并没有关于进度的具体保证,其合同中的合理期待与投资者的合理期待之间存在较大偏差。合同中的合理期待并没有违反投资者的合理期待,因此无须进行赔偿。仲裁庭指出,在判断一项措施是否构成间接征收时,首先需要考虑的是该措施在何种程度上、如何具体侵害了投资者的合理期待。综上所述,仲裁庭最终驳回了 Glamis Gold 公司的所有诉讼请求。

在"David R. Aven and Others v. Republic of Costa Rica"案中,西班牙政府终止了索赔人的建筑项目。索赔人随后提起仲裁。经过审理,仲裁庭指出,在该案件中,投资者的项目涉及湿地和森林,必须持有环境保护许可证。索赔人声称东道国政府损害了他的合理期待。仲裁庭认为,判断是否损害了合理期待,关键在于投资者的项目是否违反了当地的环保法规,并且是否引发了污染。仲裁庭进一步指出,由于投资者对当地相关法律法规缺乏明确了解,其合理期待并非基于国家的承诺行为,所以当地政府的行为不构成间接征收。

(二)东道国环境保护主张未获得支持的仲裁实践

仲裁庭不支持东道国以环境保护为由进行抗辩的理由相对复杂,主要包括以下两点。一是东道国的环境问题不能作为抗辩理由。以"Metalclad Corporation v. The United Mexican States"案为例,墨西哥政府未对 Metalclad 公司的合法投资权益予以足够重视,未为其垃圾处理场建设项目颁发经营许可证,并将项目所在地划为生态保护区域。投资者因此向国际法庭提起上诉。尽管该项目的填埋区域与地下饮用水相邻,存在污染地下水资源的风险,且当地居民和环保组织均表示反对,但仲裁庭认为,墨西哥政府在没有科学依据的情况下拒绝办理经营许可,构成了间接征收行为。此外,当地政府在撤销 Metalclad 企业流程申请权利的过程中,未听取企业辩护,也未遵循正规程序。仲裁庭还指出,墨西哥为外国投资者提供的法律环境不稳定、缺乏透明度且难以预测,这违背了投资者的合理期待,损害了公平性和公正性原则。二是仲裁庭认为东道国基于环境问题进行抗辩必须满足严格条件,包括:①必须有明确的事前规定;②环境保护需求必须在项目许可之后出现;③东道国必须证明其必要性。在"Técnicas Medioambientales Tecmed, S. A. v. The United Mexican States"案中,墨西哥政府不允许 Tecmed 公司再次使用垃圾掩埋场,损害了投资者利益,并引发了提前仲裁。仲裁庭指出,根据国际法中的善意原则,缔约国需满足外国投资者在合理范围内的投资期待。除非东道国法律有明确禁止并提前告知投资者,否则所有含糊不清或事后提出的不合理规范和要求,应根据善意原则偏向投资者。在"Técnicas Medioambientales Tecmed, S.A. v. The United Mexican States"案中,没有明确证据表明 Tecmed 公司的行为会对当地环境造成损害,相关法律政策也未明确限制此类行为。墨西哥政府不能仅因公众压力而侵害 Tecmed 公司的利益,这构成了间接征收。在"Reinhard Hans Unglaube v. Republic of Costa Rica"案中,哥斯达黎加政府为保护濒危海龟而建立了海龟保护公园,却在此过程中侵害了索赔人的利益。仲裁庭认为,合理期待必须指向东道国政府反复斟酌后作出的承诺,该承诺代表国家意志。仲裁庭虽然肯定了合理期待的重要性,但指出哥斯达黎加政府并未向投资者作出任何承诺,因此不存在合理期待。然而,哥斯达黎加政府在实施环境保护措施时确实侵害了索赔者的利益,这也构成了间接征收。在"Bear Creek Mining Corporation v. Republic of Peru"案中,索赔人在秘鲁拥有某采矿项目的特许经营权,但该项目有对周边环境构成重大危害的风险,引发了当地民众的联合抗议。投资者认为,秘鲁政府的相关文件保证了其合理期待,但政府的不作为侵害了其合理期待利益,导致实际利益损失,构成间接征收。

通过分析上述环境投资仲裁案例,我们可以了解到仲裁机构对合理期待的广泛解释和适用。在解释方面,不同案件中的仲裁机构的解释存在差异,导致合理期待的适用条件也有所不同。在适用方面,在"Metalclad Corporation v. The United Mexican States"案中,仲裁机构将合理期待视为间接征收与公平公正待遇之间的判定标准。在"Bear Creek Mining Corporation v. Republic of Peru"案中,仲裁机构认为东道国行为构成间接征收,因此不再调查是否符合公平公正待遇的问题。而在"Glamis Gold Ltd. v. United States of America"案中,仲裁机构认为在间接征收过程中应分析合理期待。在"Bear Creek Mining Corporation v. Republic of Peru"案中,仲裁机构将合理期待视为判断间接征收的重要影响因素。在"Reinhard Hans Unglaube v. Republic of Costa Rica"案中,仲裁机构认为合理期待因素对判决结果的公平性与公正性有重大影响。

回顾前述内容,国际投资仲裁领域中的合理期待基于主观的不确定标准,仲裁机构对东道国环境制度的调查存在差异性:一方面,在环境管理措施的性质及目的方面,"Metalclad Corporation v. The United Mexican States"案的仲裁机构认为无须调查环境管理制度的设置目的,但在"Glamis Gold Ltd. v. United States of America"案中,仲裁机构认为应分析管理措施对合理期待的影响;另一方面,在环境措施性质是否具备基本合理性方面,"Metalclad Corporation v. The United Mexican States"案的仲裁机构认为行政单位在实施措施时缺乏合理性,而"Methanex Corporation v. United States of America"案中,仲裁机构认为东道国的环境措施是合理的。由此可以看出,仲裁机构对东道国环境措施合理性的考量并不一致。

四、东道国环境保护与投资利益冲突的成因及协调

(一)合理期待原则的模糊性与对策

在国际投资仲裁的实践中,投资者追求的利益与东道国的环境利益之间经常发生冲突。仲裁机构在解释投资者合理期待的法律问题上尚未形成统一意见。如前所述,一些仲裁机构将投资者的合理期待作为判断间接征收的一个影响因素;而另一些则将其作为评估公平公正待遇与间接征收的依据。这种差异主要源于投资者对合理期待的不同理解,导致了合理期待适用标准的不明确性。

一些学者指出,仲裁机构的职责是依据缔约方的意图和国际法律规则来解释投资者的条约,并在裁决过程中建立一套法律推理框架。这些推理框架有时会被

后续的仲裁机构采纳,从而形成一个具有参考价值的法律体系。国际投资仲裁机构不会完全依据以往案例来裁决,随着案件数量的增加,仲裁的不确定性和解释的波动性可能会对国际投资环境产生影响。

以"International Thunderbird Gaming Corporation v. The United Mexican States"案为例,仲裁机构对合理期待的概念进行了详尽阐释,并提出了满足投资者合理期待的四个基本因素。在"Duke Energy Electroquil Partners and Electroquil S.A. v. Republic of Ecuador"案中,仲裁机构则强调了合理期待的三个方面的要素。这两个案例在合理期待的法律解释上虽有重叠,但也存在差异:前者主要是强调投资者因东道国未能履行承诺而遭受损失,后者则强调东道国与投资者之间的利益平衡。然而,在"Saluka Investments B.V. v. The Czech Republic"案中,公平公正待遇因素仍被纳入合理期待的范畴。

正如安西娅·罗伯茨所言,投资条约虽然设定了标准,但这些标准并非具体规则,因此需要合理解释后才能应用。投资者与东道国在投资争议中的仲裁机构解释对裁决结果有着重大影响。然而,仲裁机构通常会参考以往案例的裁决,而不是直接依据条约进行解释。仲裁机构对合理期待的解释缺乏明确的定义范围,其不精确的解释可能会损害投资条约的合法性。

国际投资仲裁机构在间接征收和公平公正待遇方面对合理期待的定义存在显著差异。通过对前述案例的研究分析以及国际仲裁实践的观察,可以发现,在涉及间接征收问题时,仲裁机构对合理期待的解释与欧盟提出的"投资期待"核心概念基本一致。笔者认为,在投资者的投资过程中,应考虑预期收益、环境投资等因素,并在判断东道国是否违反公平公正待遇时,仲裁机构应适当考虑东道国的行政行为、承诺和声明,但这种做法可能导致仲裁机构提出的合理期待标准存在差异,所以应结合国际仲裁机构提出的合理期待标准来确定。

(二)仲裁庭对东道国环境规制措施考量的不一致性及协调措施

在现实情况下,无论投资者的期望如何,境外投资者自愿进入一个国家时,必须接受该国法律监管所带来的风险,并且应当承担东道国监管法律变动所引发的投资风险。国际法并不负责对东道国的监管制度与境外投资者进行约束,这主要是因为东道国的监管权具有合法性。然而,在实际操作中,仲裁机构持有不同看法。在"Compañia del Desarrollo de Santa Elena, S.A. v. Republic of Costa Rica"案中,仲裁机构明确指出,无论征收性的环境措施对社会带来何种益处,都与国家为了实现政策目的而采取的任何其他征收性措施一样。在"Glamis Gold Ltd. v. United States of America"案中,仲裁机构认为应当考虑环境措施的目的与性质,但在"Metalclad Corporation v. The United Mexican States"案中,仲裁机构则持相反意见,认为无须对其进行调查。如果仲裁机构对环境措施的目的及性质进行调查,通常会发现几乎所有国家都会对生态保护或公益性质的土地征收给予补偿,这是因为其无法避免私有财产转移所引发的问题,但这仍然是国家公权力合法运用的一种表现。若一个国家对其安全领域的监管是出于善意的,则这种监管导致的经济损失通常不需要承担国际法义务,这一点在各国现行法律中都有所体现。比如,意大利、加拿大等国家在多个方面都制定了明确的管理规定,但这些国家之间存在一个共识,即政府没有义务为合法监管行为进行补偿。美国联邦最高法院认为政府机构的行为不是救济行为,而应是为了促进社会经济增长而对私人权益进行的适度干预。这种规范的制约应由主体承担,目的是在社会中寻求生存与发展。结合实际情况,在大多数投资环境仲裁案件中,仲裁机构都遵循"ADC Affiliate Limited and ADC & ADMC Management Limited v. Republic of Hungary"案中的评审意见。简而言之,境外投资者不应无条件承担东道国现行监管措施所带来的风险。相反,东道国在合法行使监管权力的同时,应向境外投资者提供一定的补偿。然而,这种方式可能会给东道国对境外投资者实施环境措施带来障碍:一方面,东道国的环境措施实施可能因仲裁机构的不认同而需承担巨额经济赔偿责任;另一方面,合法的环境措施实施仍需承担一定的补偿责任。

理论上讲,为了有效辨别东道国环境措施的合法性,应确保有充分、合理、科学的依据来支持环境风险的存在。严格来说,仲裁机构无法准确评估科学证据的实际价值。在"Ethyl Corporation v. The Government of Canada"案中,投资者认为加拿大的环境措施不符合基本要求,主张加拿大的环境措施应以保障人类健康与发展为核心。但在实践中,如果政府必须将环境措施建立在科学理论的基础上,或必须有科学证据的支持,那么政府可能会面临无法采取预防措施来防范新发现或广泛存在争议的科学证据所带来的风险。为了促进环境的可持续发展,仲裁机构对科学证据的客观性进行审查,只需调查东道国环境措施的实施是否满足科学性、合法性,只要能够证明投资者的投资行为不会对东道国的投资环境造成不良影响即可。

第二节　国际投资仲裁中的人权问题

近年来,随着经济全球化发展的步伐不断加快,跨国经营贸易壁垒对投资者的影响不断降低,促使企业对外扩张的速度不断加快,同时也促进了国际投资产业的进一步发展。此外,诸多国家对其国内的公共领域开始实施私有化发展,如自来水、天然气、污水处理等。在这种利好的大环境下,境外投资者开始频繁地参与投资活动,甚至代替国家或地方政府行使行政职能。然而,我们也应该清楚地认识到,尽管私有化可能会带来积极效应,但是投资者的投资失误行为也可能会导致自身遭受损失。为有效地扩大外商的注意力,东道国一般都是利用各种投资协议为投资者提供保障、福利待遇、资产保护服务等。从国际人权法细则来看,东道国的主要义务是保障投资者在东道国境内的人权,同时也防止投资者人权遭到侵犯。进一步而言,如果境外投资者的投资行为对东道国的人权造成负面影响,那么东道国的投资条约义务和人权法下的义务就会出现冲突和矛盾。在这种情况下,如果东道国为了保障其国内的人权而采取措施限制投资者的投资行为,那么投资者的利益必然会受到一定的损害。当投资者的利益受到损失以后,他们就会根据国际投资条约向东道国提出索赔要求。在投资仲裁案件中,东道国一般都是以国际人权法来对自身的履行义务行为进行辩解。在国际投资仲裁中,必须对人权法与投资法之间的关联性作出明确的区分,以解决二者之间的冲突,同时平衡投资者与东道国的利益。

一、国际投资仲裁中东道国人权保护与投资者利益冲突

(一)国际法中的人权保护

为了能够更为透彻地理解东道国所承担的人权义务及投资保护义务之间产生的矛盾,下文将对东道国的人权保护发展困境及东道国和跨国企业投资者的人权义务进行详细介绍。结合以往的发展状况来看,人权其实就是针对国家而提出

的,其核心目的是对国家与个人之间的关系进行优化。一个国家对于境外投资者的人权尊重及保护在《公民权利和政治权利国际公约》中有明确的表述。

对于跨国企业来说,尽管它们并非传统国际法意义上的主体,但在人权法的国际义务框架内,它们通常被视为"比传统概念更为贴切的实体"。自2000年以来,诸多法律条款、管理规定都用来规范个人在人权领域中的行为,这一点在跨国公司中尤为显著。随着国际法的演进,越来越多的法律文件开始涉及跨国公司的人权义务,如《全球契约》和《关于跨国企业和社会政策的三方原则宣言》。然而,除了这些法律文件外,目前尚无任何法律明确跨国公司应承担的直接责任。国际法尚未要求境外投资者对其侵犯人权的行为直接负责,境外投资者亦不能被认定为侵犯人权的共犯。尽管如此,境外投资者仍需遵守东道国法律规定的义务,因为东道国的法律旨在确保个人能够履行国际法中的义务。根据东道国的法律规定,如果投资者的行为符合东道国法律,那么他们应当承担东道国法律所规定的相应人权责任。对于东道国而言,它有责任确保投资者在其领土内享有基本人权,并保护境外投资者等相关主体的人权不受侵害。联合国人权委员会在相关文件中指出:"人权对缔约国有约束力,但该规定不具备国际法的横向效力,因此不能将之视为国内法的替代品。只有当缔约国保护人权并防止行政人员违反人权,以及防止个人或相关主体的行为违反《公民权利和政治权利国际公约》时,缔约国才能按照《公民权利和政治权利国际公约》要求履行其职责。"东道国承担着双重义务,这一点在国际人权法中已有明确规定,并且还应确保国际人权法的垂直适用。比如,在"Velásquez Rodríguez v. Honduras"案中,美洲人权法院指出:"国家应规范公共机构或拥有行政权力的主体的行为,以避免违反《公民权利和政治权利国际公约》所规定的权利义务。"在侵犯人权的事件中,国家并非总是直接违反《公民权利和政治权利国际公约》的行为者。比如,违约行为可能是由个人或境外主体所为,但国家仍需承担由此产生的后果,究其原因,主要是因为处罚并非由于行为本身,而是由于国家未能及时阻止行为人的行为,或是基于《公民权利和政治权利国际公约》要求对行为作出的一种回应。

结合前文对国际法规则的阐述内容来看,国家是承担人权尊重和保障义务的主体,而境外投资者并不直接承担这些义务。换句话说,在当前的国际法框架下,境外投资者并不需要直接履行人权义务。从法律适用的角度分析,个人与投资者之间的关系并不在国际法的调整范围内。简而言之,即使投资者在东道国违反了人权,他们也不必承担国际法上的责任。因此,投资者的人权侵犯行为应当被视为投资过程中出现的问题,而投资者本身并不需要承担国际人权责任。根据国际法的分析,东道国才是人权责任的唯一主体。

尽管国际人权法与投资法属于两个不同的法律领域,它们在法律层面上也展现出显著的差异,但是我们不能简单地认为二者之间毫无联系。实际上,它们在某些特征上确实存在相似之处。最为关键的是,人权法与投资法的初衷是一致的,即它们都是为了维护个人投资利益而与国家产生对抗行为。简而言之,人权法与投资法都致力于维护弱势群体与国家之间的关系。将投资者视为弱势一方的原因在于,国家可以在投资者未参与的情况下确定其权利与义务,这也是国家必须保障投资者利益的关键所在。此外,无论是人权法还是投资法,二者都为投资者设立了争议解决机制,以应对东道国可能侵犯个人投资权利的情况。从某种角度来看,投资者在国际投资仲裁中的地位与仲裁机构在执行职能时具有一定的相似性。然而,人权法与投资法之间的主要区别在于:在投资仲裁案件中,只有境外投资者才能发起仲裁;而在人权法中,无论是境内还是境外投资者都拥有请求权。东道国对境外投资者提供的投资保护基于互惠原则,但个人的人权保护并不以互惠原则为基础。目前,在国际投资法中,人权对投资法的影响主要体现在投资协议和仲裁时效这两个具体方面。

在当前情况下,国际投资法的管理规定并未对人权问题进行深入阐述,主要参考的是NAFTA和《能源宪章条约》,这两个条约均未对人权作出具体规定。然而,也存在一些例外情况。比如,挪威政府在其BIT范本草案中明确指出,缔约双方必须严格遵守《联合国宪章》和《世界人权宣言》所规定的义务,依据人权法和投资法合法地追求民主、人权、自由;东部和南部非洲共同市场(Common Market for Eastern and Southern Africa, COMESA)将人权最低标准作为重要议题之一;《欧盟-新加坡自由贸易协定》指出,缔约方对《联合国宪章》和《世界人权宣言》中的承诺予以肯定。结合国际投资条约的内容来看,国际投资条约中仍有一小部分条约未对与人权相关的环境保护、劳动者保护问题作出明确规定。比如,加拿大BIT范本(2004)规定,为促进境外投资和国内投资市场的健康发展,相关标准并非标准化的。而美国BIT范本(2012)规定,只有将国民安全、健康、环境发展、劳工权利等因素保持协调性,才能高效地实现上述发展目标。另外,美国BIT范本(2012)还明确指出,通过降低环境保护、劳工保护等规定标准来发展投资的措施是不合理的。

美国在处理间接征收问题时提出了公共例外条款:在非特殊情况中,缔约双方中的任何一方采取保护环境或公共利益的非歧视性措施,不构成间接征收。综合来看,目前在国际投资条约中,无论是BIT还是MAI,通常不会对人权问题作出明确规定。尽管在特定情况下,存在一些旨在保护人权的规定,但这些规定的目的是保护公共利益,并非专门针对特定人权权利。无论如何,这些实践为国际投资条约的进一步发展奠定了坚实基础,为未来在协调人权问题时解释条约义务、东道国行为等提供了依据。

(二)国际投资仲裁庭对人权问题的考量

具体来说,人权对投资法的影响主要体现在投资仲裁案件中,仲裁机构对人权相关法律规定的应用。目前,现行的投资法更适用于投资仲裁案件,其中许多法律条文虽然提及人权,但表述相对模糊。为了明确具体条文的含义,仲裁机构可能会引用人权法中的条款。在判断投资者权利是否受到损害时,多数仲裁机构会参考人权司法机构的判决意见,这一点在欧洲的司法结构中尤为明显。由此可见,人权法与国际投资法之间存在一定的关联性,同时在实践中,仲裁机构已将人权问题视为一个重要的分析议题。结合现有仲裁案例,仲裁机构在借鉴人权法院判决意见时,通常以东道国的环境措施是否构成间接征收为依据。在"Ronald S. Lauder v. Czech Republic"案中,仲裁机构主要分析了捷克共和国环境措施对投资者投资行为的影响,并认定了该国的征收行为。仲裁机构明确指出,BIT内容未对征收与国有化问题给出明确界定,也未对强制性财产剥夺问题作出明确规定。为了更全面深入地解释这一问题,仲裁机构借鉴了"Mellacher and Others v. Austria"案中对不同间接征收形式的定义:"形式上的征收是转移财产的行为,而实际情况下的征收则是指国家剥夺个人财产所有权、转让权。"仲裁机构认为,捷克共和国政府未采取合理措施应对间接征收,因为它并未干预投资者的财产权。在这种情况下,申诉人也无法向仲裁机构提供充分证据。在"Técnicas Medioambientales Tecmed, S.A. v. The United Mexican States"案中,仲裁机构直接否定了东道国的间接征收行为,仲裁机构在作出判断时,参考了美洲人权法院的判决意见。仲裁机构引用了"Ivcher Bronstein v. Peru"案的判决解释,即在判断国家是否产生间接征收行为时,不应仅以投资者财产的剥夺或限制行为为评估依据,而应深入探究事物本质以确定东道国是否产生间接征收行为。此外,仲裁机构还借鉴了"Matos e Silva, Lda. and Others v. Portugal"案中关于间接征收的相对性评判意见,即东道国实施的环境措施应满足公共利益,并在此基础上确保个人权益与公共利益之间的平衡。在"Técnicas Medioambientales Tecmed, S. A. v. The United Mexican States"案中,仲裁机构认为墨西哥政府的判决意见虽合法,但未考虑后果,导致投资者预期与实际回报之间出现巨大差异,这种现象间接构成了间接征收。墨西哥剥夺投资者经济权利的合理性受到质疑,因此可以断定东道国构成了实际意义上的间接征收。总体而言,在界定征收范围时,仲裁机构通常会参考人权司法机构的判决意见,这是因为人权法院在私有财产方面具备良好的发展趋势。特别是欧洲人权司法机构在间接征收的理论与实践发展方面已成为国际投资法的重要组成部分,并对其他国际投资条约产生了深远影响。

二、东道国人权义务和投资义务冲突的原因

在当前国际投资领域,东道国必须确保本国公民的人权不受投资者的侵犯。在国际投资仲裁过程中,从程序上讲,所有仲裁事项都需得到相关方的同意。虽然仲裁是由投资者单方面提出的,但通常情况下,投资者会在仲裁请求中详细列出自己的主张,而东道国没有正当理由对这些主张以外的事项提出异议。此外,如果投资者肆无忌惮地侵犯人权,那么可以合理推断东道国要么故意未采取约束措施,要么给予了默许。换句话说,在这种侵权行为发生的特定背景下,东道国极有可能参与其中。另外,根据人权法的一般原则,投资者通常不承担国际法上的义务。

当东道国的行为与国际法规定发生冲突时,东道国往往会利用人权问题来消除或推迟索赔请求。根据国际人权法,东道国有义务确保人权得到有效保护,防止投资者任意侵犯他国人权。然而,在坚持本国法律体系并充分尊重人权的同时,东道国采取的针对性措施有时会违背条约中的某些条款,这通常会导致投资者提出仲裁,要求东道国承担责任。面对此类问题,东道国通常会以保护人权为由,为自己未能遵守国际法义务进行辩护。

在追求公平公正原则的过程中,矛盾往往最为尖锐。迄今为止,在国际仲裁中,引用频率最高的便是公平公正原则。基于此,投资者常常投诉东道国未能遵守国际条约,要求赔偿的胜诉率也相对较高。然而,目前对于这一标准尚无统一

的见解。因此,案件的具体情况以及条约内容的明确性在很大程度上决定了该标准的有效性。仲裁庭在处理特定案例,如"Técnicas Medioambientales Tecmed, S. A. v. The United Mexican States"案时,试图对这一标准进行界定。其观点是,根据国际法中诚信和公正的基本原则,缔约国提供的待遇不应限制投资者目标的实现。东道国应与投资者的预期保持一致,始终不隐瞒任何事项,并将所有相关政策信息完全告知投资者,以便投资者能够充分了解即将实施的所有法规和所需达到的标准,从而在不违反这些法规的前提下,提前对投资进行合理规划。

东道国并不总是遵循公平公正原则对待外国投资者。在某些情况下,东道国通常会以履行人权义务为由为自己的行为辩护。比如,在"Biwater Gauff (Tanzania) Limited v. United Republic of Tanzania"案中,东道国提出的论点是投资者严重损害了公共福利,并在一定程度上使公共健康面临危机,同时对生态环境和生活用水造成了严重影响。无论从确保这些基本服务不受损害的角度,还是基于法律和道德的考量,坦桑尼亚都有责任采取措施消除这些威胁。

除此之外,阿根廷为了减少经济危机带来的损失,于2001年起实施了一系列的挽救措施。在此过程中,阿根廷严重违反了投资条约,CMS公司基于此提起仲裁,但是阿根廷以保护人权为由,为其不遵守投资义务的行为作出抗辩。阿根廷所提出的观点是,当面临严重的政治动荡时,出于保护人权的迫切需求而实施的一系列对外国投资者造成负面影响的措施具有一定的必要性。不过,仲裁庭并未认可阿根廷的这一抗辩理由。通过仲裁实践可以看出,仲裁庭对于处理国家在履行投资义务与人权义务之间的冲突持保守态度,倾向于置身事外。

在"Siemens A.G. v. The Argentine Republic"案中,阿根廷并未否认在应对经济危机时忽视了人权保护。同时,阿根廷引用了"Técnicas Medioambientales Tecmed, S.A. v. The United Mexican States"案的最终判决,试图将赔偿额降至最低。然而,仲裁庭指出这两个案件在本质上存在差异,并明确提出了人权问题。"Técnicas Medioambientales Tecmed, S.A. v. The United Mexican States"案的主要目的是判断是否满足征收标准,而非明确赔偿损失。另外,在"Sempra Energy International v. The Argentine Republic"案中,仲裁庭对人权保护的立场更为开放,并肯定了投资义务和人权义务之间隐含的矛盾。阿根廷认为,根据国际法规则,其应承担的赔偿义务可以被消除,其行为的主要目的是遵守《美洲人权公约》,避免宪法秩序被破坏,并维护社会制度,以此作为侵权行为的抗辩。仲裁庭并未否认这一点,但指出问题涉及的方面复杂,除了危急情况外,还涉及投资条约的权利义务和人权问题。仲裁庭认为,尽管存在宪法秩序受到威胁的情况,但并未达到国际法所定义的"危急"标准。在短短十几天内阿根廷总统更迭五次,尽管存在紧急立法的必要性,但应确保权利获取的正当性,如采取重新谈判或暂时性纠正措施。在分析阿根廷的抗辩理由时,仲裁庭通常会依据国际法定义的危急情况先决条件进行判断。因此,在分析过程中,仲裁庭并未从法律矛盾的角度出发。"Biwater Gauff (Tanzania) Limited v. United Republic of Tanzania"案也展现了类似的推理,坦桑尼亚从法律和道德的角度出发,主张有责任保护公共福利。仲裁庭指出,此案不满足公共健康受到威胁或濒临崩溃的条件,政府的侵权行为存在一定程度的不合理性。

在"LG&E Energy Corp., LG&E Capital Corp. and LG&E International Inc. v. Argentine Republic"案中,仲裁庭基于公共秩序等因素对阿根廷的干预行为表示了认可。尽管仲裁庭并未从人权角度出发,但它认为阿根廷采取的一系列措施有效地保障了公共健康。因此,仲裁庭根据相关投资条约和条款,从根本上分析了阿根廷是否处于危急情况。"Continental Casualty Company v. The Argentine Republic"案也体现出与之相同的逻辑。仲裁庭认为,阿根廷采取的措施旨在更好地维护宪法秩序和社会制度,并且国家有权自行决定采取何种措施。然而,仲裁庭在"Continental Casualty Company v. The Argentine Republic"案中同样未对人权问题作出明确阐述。从这些案例中可以看出,在处理投资索赔时,仲裁庭对人权保护的态度并不积极。通常情况下,仲裁庭不愿介入分析东道国不遵守投资条约的根本原因以及投资义务和人权义务之间的冲突。比如,在"Compañia del Desarrollo de Santa Elena, S.A. v. Republic of Costa Rica"案中,仲裁庭认为哥斯达黎加表面上是为了环境保护,实际上却实施了一种征收行为,尽管从整体上看对社会有益,但从某种程度上讲,这种征收行为与其他国家的做法相似,目的是便于实施政策,却给投资者带来了巨大的经济损失。尽管出于环境保护的目的,但根据东道国法律或国际法,哥斯达黎加都应对投资者承担赔偿责任。在"Azurix Corp. v. The Argentine Republic"案中,仲裁庭引用了"Compañia del Desarrollo de Santa Elena, S.A. v. Republic of Costa Rica"案的判决,并明确表示,仲裁庭关注的是东道国违反投资条约的行为是否应向投资者承担赔偿责任,而对采取挽救措施背后的原因并不关心。

东道国在维护人权方面受到仲裁庭主张的限制。简而言之,若东道国以不违反国内人权法为前提,则无法兼顾投资法所规定的义务。在面临此类情形时,投资者往往通过国际法途径寻求保护并提起仲裁。根据现行的仲裁实践,东道国对其行为的正当性辩护通常不会得到仲裁庭的认可,因此东道国有义务对投资者进行赔偿。同时,东道国先前违反投资条约的措施将被要求停止实施,这导致人权问题亦难以得到妥善解决。反之,若东道国将投资法义务置于首位,则可能无法履行人权法义务。因此,无论东道国选择优先遵守何种义务,最终都将导致人权保护的缺失,即现行的国际投资法使得东道国的人权问题难以得到有效保障。

(一)价值冲突

人权义务与投资义务之间存在不一致,导致了法律冲突,这主要是由于不同的法律机制和价值取向所引起的。因此,解决这种价值冲突不能仅仅依赖国际法规,而需要从世界政治的主观层面出发,依据特定价值等级的规定来处理。国际法委员会通过研究相关问题,进一步阐明了这一观点。许多学者认为,投资者所享有的权利实际上是在行使和实施人权。比如,财产权,它本身也是一种人权。这就导致了各种人权之间的矛盾。只有当某项人权的价值被认为比其他人权更为重要时,才能对其作出具体处理,否则这些冲突无法得到有效解决。目前,只有强行法对人权的等级进行了划分,而其他法律并未对此作出明确说明。此外,国际投资仲裁主要关注对文化权利、社会权利和经济权利的保护,但并未明确这三项权利的重要性顺序。同时,投资法中对财产权的保护也未明确其层次等级。因此,仅仅依赖国际法规是无法从根本上有效解决这些矛盾的。

(二)条约冲突

在19世纪80年代初,为了使国际投资条约适用性更强,并充分发挥其自由化和保护的作用,西方发达国家制定了一系列指导性政策。在这一时期,发展中国家正疲于应对债务危机,国际金融机构限制了发展中国家的贷款额,造成发展中国家资金短缺。因此,国际直接投资模式开始被引入发展中国家,成为资金供应源头之一。各国的外资引进政策也发生了改变,即从严格制约转向大力扶持。到了19世纪80年代后期,国际社会设立的国际投资法呈现出自由化特征,各国逐渐开放了境外投资市场,并制定了境外投资保护措施。这种自由化的境外投资旨在通过创新国际投资法来开拓国际投资市场,消除限制,使投资者和东道国坚持公平性原则,共同促进全球投资事业的发展。无约束的国际投资条约使得投资者与东道国的各项权益存在不平衡关系。此类条款内容大都涉及境外投资者的权益保护、投资自由化等,但并没有明确境外投资者在东道国需承担的社会责任,如在生态环境建设、国家经济发展和人身权益保护等方面。因此,常会出现东道国试图保障合法的人身权利时,却没有可依据的标准或制度来约束投资者的行为。从东道国的角度考虑,按投资条约规定,其有保护投资者权益的义务,但不具有实际管理权利。这导致在很多仲裁案件中,民众关注的焦点是东道国需承担的责任和义务以及投资者的投资权利。当东道国和投资者出现投资权益纠纷时,国际法庭通常将投资者的权益保护作为重点,并无视东道国的各项权益。另外,在投资条约中,投资者通常享有直接向国际法庭提出诉讼的权利,而东道国没有权力干涉投资者。因此,在国际投资条约的保护下,投资者有权对东道国人权保护行为和公共利益保护措施提起诉讼,即使一些管理行为是正当的。但投资者的行为却不受约束,无须承担责任或风险,也不会被起诉。另外,国际投资条款包含的实际条款不清晰、投资者享有自由化待遇、东道国需在任何情况下遵守国际投资法等内容使得东道国经常承担败诉风险和后果,这在一定程度上影响了东道国国内人权安全保障机制的运作。

人权义务与投资义务之间的冲突反映了两种条约之间的矛盾。然而,在处理这两种义务间的冲突时,条约的等级制度并不适用,原因在于国际法尚未为此类问题制定出合理的解决机制。VCLT针对条约的界定以及对涉及相同事项的条约冲突的处理提供了相关指导。其中第三十条明确指出:"一、以不违反联合国宪章第一百零三条为限,就同一事项先后所订条约当事国之权利与义务应依下列各项确定之。二、遇条约订明须不违反先订或后订条约或不得视为与先订或后订条约不合时,该先订或后订条约之规定应居优先。三、遇先订条约全体当事国亦为后订条约当事国但不依第五十九条终止或停止施行先订条约时,先订条约仅于其规定与后订条约规定相合之范围内适用之。四、遇后订条约之当事国不包括先订条约之全体当事国时:(甲)在同为两条约之当事国间,适用第三项之同一规则;(乙)在为两条约之当事国与仅为其中一条约之当事国间彼此之权利与义务依两国均为当事国之条约定之。五、第四项不妨碍第四十一条或依第六十条终止或停止施行条约之任何问题,或一国因缔结或适用一条约而其规定与该国依另一条约对另一国之义务不合所生之任何责任问题。"第三、四两款所确立的原则是该条款中最为核心的部分,即在处理相同事项时,应优先适用后订条约。然而,并非所有法规冲突都能通过该条款得到有效解决。第一,从主观角度难以界定两条约中涉及的义务问题是否为同一事项。第二,对于同盟国之间不同条约的矛盾,VCLT并未提供有效的解决规则。由于这些条约是由不同的当事国订立的,处理条约冲突时通常遵循后法优先原则,这可能会对内部效力产生影响,与初衷相悖。即便存在针对不同缔约国的适用规则,但这些规则往往无法同时满足后法优先原则。比如,在"Slivenko v. Latvia"案等不常见的案件中,几乎不可能找到符合后法优先原则的通用规则。基于此,该规则并非比其他规则更特殊或更普通,而是适用范畴不同,导致赋予的义务之间存在不一致的矛盾。

(三)政治决策

国家为了解决问题,必须依据某一条约进行有效处理,这自然会导致与另一条约的规定相抵触。在实际操作中,国家通常会通过政治决策来解决义务冲突。尽管后法优先原则在处理冲突问题上具有实用性,但它无法从根本上有效解决冲突。因此,在运用政治决策处理条约冲突的过程中,国家往往会与另一条约的规定背道而驰。如果国家在签订投资条约时未能遵守其赋予的人权义务,就必须承担对人权造成损害的责任。相反,如果国家遵守了人权义务,但未能履行投资义务,那么它不可避免地要对投资者负责。当然,如果实施的人权义务具有强制性,则另当别论。根据VCLT第五十三条的规定,如果条约与强行法发生冲突,则该条约应被视为无效,从而消除矛盾。

缔约国之间达成共识并签订条约后,投资仲裁机构就被授予了管辖权和管理范围。这些机构的权力受到国家认可的仲裁条款的影响,且仲裁机构仅能管辖缔约国赋予的权责范围内的事务。仲裁机构的管理权限源自仲裁条约,并受到该条约授权的限制。仲裁机构的管辖区域在投资条约中的仲裁款项中有明确描述。因此,可以根据仲裁条约赋予的管辖权来评估某投资仲裁机构是否具有涉及人权义务的裁决权。在现实中,仲裁机构的管辖范围通常是有限的,主要针对投资纠纷或违反投资条约(侵犯实体权利)的事项进行裁决。比如,NAFTA的第一千一百一十六条明确规定了仲裁机构的管理范围,即涉及不履行首章第A节描述的实体义务而产生的纠纷案件。《能源宪章条约》的第二十六条中的前两节也有类似描述,即仲裁机构的管辖范围是所有不履行宪章第三部分规定的义务的案件。此外,超过90%的BIT均对仲裁机构的管理权限有明确规定,即裁决所有投资纠纷。

一些学者认为,NAFTA与《能源宪章条约》均明确规定了投资仲裁机构的管理权限,即投资纠纷相关的措施在一定程度上影响仲裁机构对人权问题的裁决。如果仲裁机构的管理权限仅被定义在投资纠纷上,则其裁决管理范围是有限的,无法适用于其他领域的纠纷。"Antoine Biloune and Marine Drive Complex Ltd. v. Ghana Investments Centre and the Government of Ghana"案的裁决结果证实了这一观点。在该案件中,加纳政府逮捕了一名境外投资者,并拘留了十三天,随后将其移交至多哥政府。仲裁机构指出,东道国政府和投资者认可的仲裁机构仅在投资纠纷上具有管辖权。仲裁机构认为,东道国没有权力对境外投资者的人权侵犯问题进行调查,但当人权实体侵犯行为影响投资者合法权益时,就会产生投资纠纷问题。尽管东道国以人权保护为由进行辩护,并且人权诉求代表了共同利益,但其辩护行为是正当的。仲裁机构在评估东道国的人权保护辩护是否有效时,首先需要对其人权问题进行审核评估,因此无法在人权问题上实现实质性管辖。

此外,部分投资条约将仲裁机构的管辖权定义为"涉及投资的纠纷"。比如,德国BIT范本(2008)的第十条:涉及投资的纠纷可申请仲裁。与仲裁机构仅限于投资纠纷的定义不同,"涉及投资的纠纷"扩大了仲裁机构的管辖范围,且包含了部分人权管辖权,使得仲裁机构管辖和裁决人权侵犯争议案件成为可能。但当前的国际投资条约很少有这样的规定。综上所述,受投资条约和仲裁员主观倾向的影响,仲裁庭在国际投资纠纷案件中很少从东道国人权保护方面进行评估和裁决。

三、仲裁庭对人权问题的实践

将人权法应用于国际投资仲裁的前提是,国际投资条约必须为国际人权法的广泛运用提供渠道。在实际案例中,国际投资条约中关于仲裁的规定至关重要,因为它明确界定了仲裁机构的管辖权限,并为仲裁机构提供了可适用的法律依据。比如,《解决投资争端国际中心公约》规定,在双方均未违约的情况下,仲裁机构可以依据纠纷方所在国家的法律法规或广泛适用的国际法进行裁决。NAFTA的第一千一百三十一条指出,仲裁机构在裁决争端时必须遵守条约规定,并引入适用的国际法律。《能源宪章条约》则允许仲裁机构依据该协议条款和具有较强适用性的国际法律来解决投资争议。此外,许多缔约国签订的BIT都与《能源宪章条约》类似。以美国BIT范本(2012)为例,其第三十条注释指出,在某些情况下,仲裁机构可以依据相关条款和国际法规则进行裁决;如果涉事的一方没有明确法律规定或另行商定,则可引入被申请人国家的法律和可适用的国际法规则。这里所指的国际法,可以依据《国际法院规约》的第三十八条进行解释,该条款旨在解决国家间投资争议。因此,人权法不仅是国际法的一部分,也是可适用法律的一部分。

在全球范围内,非政府组织(Non-Governmental Organizations,NGO)的设立促进了国际人权法的发展。NGO不仅是国际人权法的坚定支持者,而且也担任着监督者的角色。作为维护国际人权和国家公共利益的管理者,NGO致力于构建和完善国际人权体系,指导和监督国际社会政府的人权制度实施,并保障国家人权安全。随着法律解决争议机制的不断成熟,NGO能够为法庭提供多种有效的意见,并在国际投资仲裁中发挥作用。尽管国际投资法并未明确规定NGO参与投资仲裁的合法性,但在仲裁实践案例中,国际社会普遍认可其参与国际投资仲裁的合法性。NGO在国际投资争端解决机制中扮演着重要角色,因为许多案件涉及国家人权问题,投资者和涉事国在案件中通常会提出各种理由,却往往忽视了人权方面的考量。以"Técnicas Medioambientales Tecmed, S.A. v. The United Mexican States"案为例,墨西哥在履行人权责任并采取应急措施时,并未向仲裁庭提出抗议。在这种情况下,如果NGO参与仲裁庭仲裁,并提交相关的人权问题文书,仲裁庭就可能从人权角度进行考量,并据此作出裁决,从而为被告国的人权保障制度提供支持。为了验证NGO是否能在投资仲裁中保障涉事国的人权并发挥积极作用,下文将探讨NGO以法庭之友的身份提交书面意见的形式参与国际投资仲裁的可行性。

在国际贸易法中经常涉及有关NGO以法庭之友的身份提交书面意见参与国际诉讼的内容。以"Shrimp-Turtle"案为例,WTO仲裁机构否定了现有的专家小组同意NGO单方面提交解决文书的裁决,认为争议解决法规中没有涉及专家小组可自由获取意见文书的内容,虽然赋予其信息收集权,但这不意味着可接受与要求不符的提交意见。WTO上诉组织表示,专家小组可自行判断NGO提交的信息是否可被接受或拒收。

WTO上诉组织的持续实践为国际投资法庭提供了宝贵的经验。比如,在《解决投资争端国际中心公约》中,关于投资仲裁是否应接受法庭之友的书面意见,并未作出明确规定。同样,《联合国国际贸易法委员会仲裁规则》也未包含相关规定,且未对法庭之友的书面意见的接受合法性进行阐述。此外,在《联合国国际贸易法委员会仲裁规则》规定的裁决流程和相关原则上,仲裁机构被赋予了根据情况自由裁量的权力。其中第十七条明确指出,在不违反本规则的前提下,仲裁机构可选择最适宜的方式作出裁决,但必须确保双方当事人的利益得到公平对待,并在仲裁程序适当阶段给予每一方当事人陈述案情的机会。

以"Methanex Corporation v. United States of America"案为例,某NGO依据国际法中的相关规定,以法庭之友的身份提交了参与仲裁文书。该案件引用了NAFTA中有关仲裁庭的规定,并借鉴了"The Islamic Republic of Iran v. The United States of America"案以及上述WTO案例,判定接受法庭之友的书面意见是合法的。尽管NAFTA和《联合国国际贸易法委员会仲裁规则》均未详细阐述法庭之友的书面意见的合法性,但为了使案件仲裁流程更加透明,并鼓励社会组织参与公共利益案件的审理,仲裁庭认为接受NGO提出的建议是必要的。

尽管在最初的ICSID案件中,仲裁机构受到投资仲裁规则的限制,不接受法庭之友的书面意见,但随着仲裁案件类型的扩展,许多ICSID仲裁机构开始接受法庭之友的书面意见。以"Suez, Sociedad General de Aguas de Barcelona, S.A.and Vivendi Universal, S.A. v. Argentine Republic"案为例,仲裁机构首次认可并接受了法庭之友的书面意见,并指出根据《解决投资争端国际中心公约》规定,仲裁机构有权自由裁量是否接受法庭之友提交的书面意见。仲裁机构可以根据该条款处理和裁决非正常性流程问题。此外,仲裁机构还参考了"Methanex Corporation v. United States of America"案中涉及的《联合国国际贸易法委员会仲裁规则》的相关条款。《联合国国际贸易法委员会仲裁规则》和大多数BIT均认可投资仲裁机构有权自由裁量是否接受法庭之友的书面意见。2006年,《联合国国际贸易法委员会仲裁规则》进行了修订,明确指出在特殊情况下,仲裁机构可以邀请与案件有公共利益关系的NGO提交书面意见。此外,联合国国际贸易法委员会于2014年4月1日发布了《透明度规则》,其第四条明确规定了第三人提交材料的流程。根据该条款,在了解争端各方的纠纷诉求后,仲裁机构可以邀请第三方机构(即与争议双方无利益关系的一方)就争端内容提交书面意见文书。

分析国际投资仲裁的实际案例可知,仲裁机构往往会忽视东道国基于人权保护提出的论点,而更倾向于考虑NGO提交的人权问题意见书。通常情况下,NGO

与公共利益紧密相连,它们致力于维护那些在诉讼过程中缺乏发言权,但其权益可能受到仲裁机构裁决影响的特定社会群体的人权。国际投资仲裁机构依据NAFTA和《解决投资争端国际中心公约》,认为鼓励NGO的参与能够最大化公共利益。因为作为无直接利益关系的第三方,NGO的参与能够促使仲裁机构更多地从人权保护的角度审视问题。这种做法有助于国际投资仲裁机构通过正当程序解决争端,确保仲裁流程的公开性和透明度,从而使得仲裁结果更具说服力。

在实际的案件仲裁中,NGO参与的国际投资仲裁案件主要涉及环境和人权保护等公共利益问题,尤其是与水源供给和废弃物利用相关的较为常见。以"Suez, Sociedad General de Aguas de Barcelona, S.A.and Vivendi Universal, S.A. v. Argentine Republic案"为例,该案件涉及Suez、Aguas de Barcelona和Vivendi三家国际供水企业。这些企业声称,阿根廷在经历经济危机后,采取了停止供水的措施,侵犯了它们的投资权益,构成了BIT下的征收行为,并且违反了公平性和公正性原则。在仲裁机构受理案件后,众多NGO以法庭之友的身份向仲裁机构提交了书面意见,并强调阿根廷应履行的国际人权法义务,包括生命权和健康权等。NGO指出,在阿根廷经济危机的特殊背景下,阿根廷政府为了履行这些义务而采取的水费固定措施(即消费者需缴纳的水费)是合法且合理的。此外,NGO认为,BIT中的间接征收规则和公平公正待遇条款应与阿根廷须履行的国际人权法义务相结合。在待遇的公平性和公正性原则上,投资者不能忽视阿根廷所面临的经济环境和必须履行的人权法义务,而随意提高水费,这可能导致许多人无法获得饮用水资源或长期处于较差的卫生条件中。NGO还主张,阿根廷为了确保国民能够获得基本用水资源和维护基本卫生环境而采取的措施,符合国际法规定的治安权,不应被视为对境外投资者的间接征收行为。最终,仲裁机构采纳了NGO提交的书面意见,并对其合理性和适当性进行了阐释。仲裁机构指出,此案不仅涵盖了ICSID案件中常见的公共利益问题,还涉及了特殊的公共利益问题。仲裁机构首先强调了案件涉及的人权问题,并表示供水系统为阿根廷国内数百万民众提供了基本的用水服务,因此此案涉及复杂的公共利益和国际法相关问题。无论仲裁结果对原告还是被告有利,都将对供水系统的运行和供水服务产生一定的社会影响。最终,仲裁机构裁定阿根廷采取的措施是合理的,符合国际法规定的治安权,不属于非法征收。在解释当事国待遇的公平性和公正性时,仲裁机构指出,这一原则应建立在东道国在不同情境下境外投资者的客观、正当需求之上,考虑因素包括投资类型、管理权限、公共利益以及当事国的经济、文化、社会服务设施等。基于此,仲裁机构裁定阿根廷违反了投资者待遇的公平性和公正性原则。

通过梳理"Suez, Sociedad General de Aguas de Barcelona, S.A.and Vivendi Universal, S.A. v. Argentine Republic"案的仲裁过程可知,国际投资仲裁机构是否接受NGO的书面意见,对仲裁庭在人权问题上的倾向性具有显著影响。然而,在实际案件审理中,NGO在国际投资仲裁中的作用是难以确定的,因此仲裁庭通常不会明确地引入NGO提交的有关人权问题的书面意见。但国际投资仲裁机构能够接受NGO提交的有关人权问题的书面意见,将有利于构建一种新的、以人权为基础的投资仲裁法律框架。

四、东道国人权保护和投资者利益的协调

(一)优化国际投资条约

国际投资条约对国际投资仲裁机构的行为准则有着深远的影响。这些条约是投资者向国际仲裁机构提起仲裁的依据,也是国际仲裁机构处理投资争端时所依据的主要法律。从国际投资条约的实践来看,国际投资条约对人权保护的具体规定比较缺失,再加上这些条约中的相应条款规定比较抽象和模糊,因此,东道国在人权保护方面面临诸多挑战。本文尝试从以下几个方面对国际投资条约中关于人权保护的条款提出完善建议。

首先,建议将有关人权保护的声明纳入条约的序言部分。国际投资仲裁的实践表明,国际投资条约的序言在条约解释中扮演着至关重要的角色,尽管它不直接创设实体权利义务,但它具有指导性的意义。在未来的条约缔结过程中,国家可以在序言中明确指出,国际投资条约旨在构建一个更为开放的法律体系,并承诺遵守一般国际公法体系,同时承认包括人权保护、环境保护在内的其他相关社会公共利益的国际法规则。各缔约国在签订条约时应采取积极措施,寻求投资者利益保护与社会公共利益之间的平衡,为东道国在人权法和投资法下的义务冲突提供协调解决的基础。

其次,建议在条款中明确界定征收和公平公正待遇的内涵与范围。从国际投资仲裁案例中可以看出,投资者常因东道国违反公平公正待遇和征收规定而向国

际投资仲裁机构提起仲裁。然而,现行国际投资条约中关于征收的定义和公平公正待遇的适用范围往往表述抽象且含糊。仲裁机构利用这些模糊条款进行扩大解释,导致仲裁裁决缺乏可预见性。东道国为了履行其在人权法下的义务,可能不得不采取违反投资法下的义务的行为,这可能导致东道国在国际投资仲裁中败诉,并向投资者支付巨额赔偿,从而限制了东道国在保护本国人民权利方面的能力和国家规制权的行使。因此,国家在未来签署国际投资条约时,应当对征收和公平公正待遇的定义进行明确限定,以平衡东道国的公共利益与私人利益。

再次,建议在条约中明确规定人权保护的例外情况。今后各国在缔结投资条约时,可以将旨在保护人权和正当公共福利的、无歧视实施的规制行为作为违反投资条约义务的例外;或者规定,在履行人权义务导致损害的情况下,可以对赔偿额进行一定程度的减免。

最后,建议完善争端解决条款中关于法律适用的规定。为了使国际投资仲裁机构在仲裁过程中考虑人权保护问题,各国可以在缔结条约时将国际人权法的有关内容作为法律适用条款明确纳入争端解决机制中,从而为在国际投资仲裁中保护人权提供法律依据。

(二)加强东道国的国内人权法规建设

在国际投资法和国际人权法的规制下,东道国承担着双重的义务。东道国如果因为投资者对东道国人权侵害的行为进行规制而采取相应的举措,那么投资者则会因为东道国侵害其投资权利而依据国际投资条约对东道国提起仲裁。另外,如果东道国放任投资者对其国内的人权进行侵害,则会使其社会利益遭受损失并构成对国际人权法的违反。东道国应主动采取相应的措施,以免自身陷入这种进退两难的处境。

投资者在东道国国内进行投资,应当遵守东道国国内法的规制。如果东道国国内法涉及人权保护和公共利益保护的事项设置健全,就可以从源头避免此类情况的发生。这就要求东道国加强国内法律法规建设,完善涉及环境保护、公共健康等人权问题的相关法律制度,优化国内法治环境,提升司法、执法的能力,使人权在遭遇侵犯时可以通过诉讼等方式得到司法救济,为国内公民的人权保护提供有力的制度保障。

东道国对外资进入的审查标准要以可持续发展为目的,不能为了单纯吸引投资而放松警惕。在涉及环境保护、公共健康等项目的审查时要以可持续发展为标准,对高污染、高消耗的项目要谨慎对待,不能以牺牲本国的人权权利为代价。同时,建立健全外资监督制度。一是要充分发挥国家机关对环境保护、公共健康等事项的监管作用;二是要加强社会组织的监督,让环境保护组织、人权保护组织等社会公共利益机构参与监督涉及公共利益的国际投资活动。

(三)强化投资者母国对海外投资者的约束

鉴于东道国在投资规制方面的不成熟,投资者母国加强对海外投资者的约束以保护海外环境和人权的行为越发引起关注。一般来说,只要不干涉他国主权,不与他国的管辖权相冲突,依据属人管辖原则,一国的某些不与国际法义务相冲突的国内法也可以适用于在外国的本国国民、公司或本国控制的公司。母国可以监督和规制其海外投资者的理论依据有很多,比如,母国作为"国家监护人",有责任对本国的海外投资者造成的环境污染进行规制,甚至对其所造成的环境损害承担责任。

为了促进东道国人权保护和投资者利益协调,防止投资者对东道国人权的侵害,东道国可以在国内法上加以规制以约束投资者的投资行为,比如,将涉及人权保护的问题依据国际人权法下的义务转化为国内法规。另外,还可以利用本国的海外投资法律制度对危及资本输入国的人权侵害行为进行规制和监督。

美国在人权方面的保护可以作为各国人权保护的借鉴。美国 BIT 范本(2004)的第十二条第一款规定:"缔约双方认识到通过削弱和减少国内环境保护法律的规定来鼓励投资是不可取的。因此,缔约双方都应承诺不通过放弃或减损这些法律的方式来作为对其境内设立、并购、扩大投资的鼓励。如果缔约一方认为另一方采取了类似的鼓励措施,可以要求与另一方进行磋商。双方应当力求避免采取类似措施。"①这表明,美国作为投资大国对本国环境高度重视,不以牺牲环

---

① 美国 BIT 范本(2004)的第十二条第一款原文:The Parties recognize that it is inappropriate to encourage investment by weakening or reducing the protections afforded in domestic environmental laws. Accordingly, each Party shall strive to ensure that it does not waive or otherwise derogate from, or offer to waive or otherwise derogate from, such laws in a manner that weakens or reduces the protections afforded in those laws as an encouragement for the establishment, acquisition, expansion, or retention of an investment in its territory. If a Party considers that the other Party has offered such an encouragement, it may request consultations with the other Party and the two Parties shall consult with a view to avoiding any such encouragement.

境利益作为经济发展的代价。另外,美国BIT范本(2012)明确指出,投资和环境争议应提交至国际投资仲裁机构进行裁决。此外,美国还为遭受本国海外投资活动侵害的外国人提供了司法救济途径,这在监督海外投资方面起到了积极的作用。同时,美国《外国人侵权法令》赋予了外国人一项权利:若外国人的人权遭到侵犯,可依据该法令向地区法院提起诉讼。这一法案为有效实施人权保护提供了坚实的法律保障。

第五章

国际投资仲裁正当性危机中实体问题的化解路径——以条约解释为例

    ISDS机制面临的正当性危机无一不与仲裁机构对国际投资条约的解释有关。在探究条约解释缺乏一致性的问题时，主要从存在的冲突角度着手来分析。冲突发生后，因为受到一些因素的影响，解释过程存在一定的滞后性，导致解释不及时；或者因为信息接收的误差，导致条约解释始终无法达成一致。如果存在条约解释一致性无法达成的问题，那么就会直接影响到国际争端的处理结果，甚至还会加深矛盾和冲突。因此，条约解释一致性是很多学者研究的重要课题。在具体实践活动应用的过程中，国际投资仲裁机构对条约解释一致性的理解可能与主权国家存在明显的差异。法律解释结果受到很多因素的影响，在投资法律体系下，价值冲突往往更加显著。在国际投资争端处理的过程中，只有确保条约解释的一致性，才能够最大限度地实现争端解决目的，为价值实现提供重要保障。本章将着重探究核心条款解释冲突和条约解释规则适用不当的问题，结合理论分析和实证检验，探索可行的问题解决方法，以削弱国际投资争端机制正当性危机带来的负面影响，实现国际投资持续稳定有序发展，维护良好的投资关系。

第一节　国际投资仲裁中条约解释存在的问题

国际投资法领域经历了迅速的发展,短短几年间,与国际投资相关的条约数量持续攀升。据调查,在2017年,新增的国际投资条约就超过了800项,同时仲裁案件数量大约为65件。随着国际投资争端问题的日益凸显,对国际投资条约及其争端解决机制提出了更高的要求。传统的国家间争端仲裁方法是否能更有效地解决问题,已成为国际投资者和研究学者关注的焦点。国际投资仲裁的公正性亦受到质疑,甚至有国际投资仲裁机构为了追求个人利益,而忽视东道国的利益诉求。对于投资者与东道国之间的争端仲裁机制而言,存在的问题与条约解释问题密切相关,尤其是涉及核心条款时,其影响更为显著。如果条约解释无法达成一致,将引发重大问题,导致国际投资争端无法得到公正有效解决,进而影响国际关系的稳定。本章将着重探究核心条款解释的冲突和条约解释规则适用不当的问题,结合理论分析与实证检验,探索可行性的问题解决方法,以削弱国际投资争端机制正当性危机带来的负面影响,实现国际投资持续稳定有序发展,维护良好的投资关系。

一、条约解释的冲突

(一)程序性条款解释的不一致

保护伞条款是国际投资条约中的核心内容,它涉及东道国向外国投资者承诺行使特定权利和义务,从而为投资者提供保障。该条款的核心在于确保合同内容得到保护,确保合同规定的权利与义务的合法性,并积极履行东道国与投资者之间明确的具体义务。"SGS Société Générale de Surveillance S.A. v. Islamic Republic of Pakistan"案和"SGS Société Générale de Surveillance S.A. v. Republic of the Philippines"案极具代表性,它们展示了如何利用保护伞条款来保障投资者的合法权益。在"SGS Société Générale de Surveillance S.A. v. Islamic Republic of Pakistan"案中,投资者声称违反了保护伞条款,而仲裁庭在裁决时指出,关键问题在于区分是条约之诉还是合同诉求。在调查取证阶段,SGS公司提出的主张缺乏充分的材料证据支持,因此,仲裁庭认为巴基斯坦并未违反保护伞条款。仲裁庭还对瑞士和巴基斯坦签订的BIT中的保护伞条款进行了阐释,通过所获取的材料信息可知,问题实际上属于合同问题而非条约问题。仲裁庭明确指出,投资者在对保护伞条约进行解读的过程中,可能存在明显夸大现象,对保护伞条款的保护范围理解存在差异,这可能会对缔约国产生较大影响。在处理争端案件的同时,仲裁庭也阐明了保护伞条款的约束和限制内容。在"El Paso Energy International Company v. The Argentine Republic"案和"Pan American Energy LLC and BP Argentina Exploration Company v. Argentine Republic"案的处理过程中,"SGS Société Générale de Surveillance S.A. v. Islamic Republic of Pakistan"案的裁决结果得到了支持。然而,在后面这两个案件中,对保护伞条款适用范围的说明并不详尽,区分效果并不明显。若投资合同希望得到保护伞条款的保护,必须以主权国家的身份完成合同签订。

　　"SGS Société Générale de Surveillance S.A. v. Islamic Republic of Pakistan"案和"SGS Société Générale de Surveillance S.A. v. Republic of the Philippines"案并非完全一致,区别在于后者对保护伞条款的扩展内容进行了阐释,认为前者在解释保护伞条约时分析不够全面,存在局限性。仲裁庭指出,保护伞条款明确要求东道国必须严格遵守与特定投资相关的规定,不得因任何理由违反对投资的承诺,必须严格按照合同的实际内容执行。在BIT案件中,违反投资合同即被视为违反投资条约。仲裁庭强调,建立保护伞条款的目的在于有效保障投资者利益,为国际投资项目的顺利进行创造条件。在"Noble Ventures, Inc. v. Romania"案中,仲裁庭对保护伞条款进行了扩展解释,提出两国在签订投资条约时,可以增加一条内容,即如果东道国未能履行私人投资者的合同义务,可视为违反条约内容。在"Eureko B.V. v. Republic of Poland"案中,仲裁庭明确指出,如果违反了合同义务就意味着保护伞条款没有按照约定履行。"Sempra Energy International v. The Argentine Republic"案和"LG&E Energy Corp., LG&E Capital Corp. and LG&E International Inc. v. Argentine Republic"案均提到了保护伞条款,但仲裁庭在解释和说明上存在差异,导致发生较大冲突的可能性,也为保护伞条款的具体应用带来了显著困难。

（二）实体条款解释的不一致

1.公平公正待遇条款解释的不一致

公平公正待遇条款是国际法律框架中的关键组成部分，在解决国际投资争端中扮演着至关重要的角色。调查结果显示，该条款在众多国际投资争端中发挥了重要作用。然而，在实际应用中，该条款的解释往往不够明确，执行标准也不够清晰，这导致了仲裁庭在应用公正公平待遇条款时存在显著差异。以"Metalclad Corporation v. The United Mexican States"案为例，由于投资者建设的废物处理设施与居民饮用水源距离过近，存在污染风险，当地居民和环保组织反对该项目。Metalclad 公司因未获得许可证而无法开展项目，随后向仲裁机构提出投资仲裁，理由是法律解释的模糊性。仲裁庭在审理此案时强调，NAFTA 的核心在于促进两国合作，确保投资项目顺利进行，透明度原则至关重要。最终，仲裁庭裁定墨西哥未能为投资者提供良好的投资环境，违反了公平公正待遇条款。此案凸显了墨西哥法律透明度不足的问题，而 NAFTA 并未详细规定公正公平待遇的具体内容，而是为了保护投资者利益，对条款进行了宽泛解释。"Técnicas Medioambientales Tecmed, S. A. v. The United Mexican States"案与"Metalclad Corporation v. The United Mexican States"案高度相似，都是由于环境问题未得到妥善解决，投资项目无法顺利实施，投资者遭受了损失。Tecmed 公司与墨西哥签订的投资条约中对政策的解释和说明不够明确，导致项目实施过程中遇到阻碍。投资者提出仲裁申请后，仲裁庭认为外国投资者期望东道国提供透明的政策，并明确政策目标，以便投资者能够遵守东道国的政策法律，履行投资条约中的义务，并在政策透明的情况下获得经营许可，开展项目活动。在"Técnicas Medioambientales Tecmed, S.A. v. The United Mexican States"案中，仲裁庭对公平公正待遇条款进行了宽泛解释，但有人认为这种处理方式并不合理。在"MTD Equity Sdh. Bhd. and MTD Chile S. A.v. Republic of Chile"案中，仲裁庭认为东道国应为投资者争取合理权益，并在签订投资条约后采取措施为投资者提供良好的投资环境，以促成合作。而在"S.D. Myers, Inc. v. Government of Canada"案中，仲裁庭基于调查资料认为，如果东道国无法证明为投资者提供了良好的投资环境，那么可以认定东道国违反了条约内容。一些仲裁庭认为，判断东道国是否违反公平公正待遇，应考虑投资环境的具体情况。在解释公平公正待遇条款时，不应仅从投资者利益出发，还需结合东道国的发展实际进行综合分析。在实际投资中,许多投资者偏好投资于发展中国家,利用其资源优势以期获得可观收益。然而,发展中国家的劣势和不足可能导致投资环境易受多种因素影响,商业风险较高。在解释公正公平待遇条款时,也应考虑这一因素。经济发达国家在投资时,需制定严格的风险管理措施,评估潜在风险,并采取相应对策。在"Duke Energy Electroquil Partners and Electroquil S. A. v. Republic of Ecuador"案中,仲裁庭认为投资者在东道国投资时,必须对东道国的经济发展水平和投资环境有清晰的了解,包括政治、经济、文化等各方面情况。在"Bayindir Insaat Turizm Ticaret Ve Sanayi A.S. v. Islamic Republic of Pakistan"案中,仲裁庭在解释公正公平待遇条款时,也考虑了东道国的政治和经济因素。投资者需评估政治环境的稳定性,并采取有效措施规避风险,确保投资项目的顺利进行。 综上所述,国际投资仲裁庭在解释公平公正待遇条款时,有的倾向于宽泛解释以解决冲突,有的则采取限制性解释,导致解释标准不一,裁决结果存在差异。仲裁庭在解释过程中表现出明显的随意性,存在模糊解释和界定不清的问题,这导致了争端解决结果的差异。因此,需要针对解释标准不一致的情况,采取合理有效的措施来应对和解决,探索可行的解决方法。

2.最惠国待遇条款解释的不一致

最惠国待遇条款是缔约国一方现在和将来所给予任何第三国的优惠、豁免和特权,也同样给予缔约国对方。①在投资者与国家之间的争端仲裁实践中,关于最惠国待遇条款的争议主要集中在投资者是否可以通过最惠国待遇条款援引争议解决条款,即最惠国待遇条款是否可以适用于程序性事项。对于最惠国待遇条款与争议解决程序的关系,尽管大多数仲裁庭都根据VCLT的有关规定对发生争议的最惠国待遇条款进行解释,并且形成了一套自己的解释规则,但不同的国际投资仲裁庭对相同或者类似争议的裁决仍然不尽相同。②最早对最惠国待遇条款进行扩展解释的是"Emilio Agustín Maffezini v. The Kingdom of Spain"案,该案仲裁庭首次将最惠国待遇条款应用于程序性事项,并允许投资者规避在东道国国内法院提起诉讼后需等待18个月才能提起投资仲裁的规定。在该案中,Maffezini主张依据阿根廷和西班牙签订的BIT中的最惠国待遇条款,从而享受西班牙和智利签订

① 史晓东,张文政.世界多边贸易须知大典[M].北京:中国财政经济出版社,1995:571.
② 黄世席.国际投资仲裁中最惠国条款的适用和管辖权的新发展[J].法律科学(西北政法大学学报),2013(2):177.

的 BIT 中更优惠的争端解决条款。西班牙对此表示强烈反对,认为其与阿根廷签订的 BIT 中的争端解决条款旨在限制 ICSID 的管辖权,并且最惠国待遇条款仅适用于实体事项,不应扩展至程序性事项。然而,该仲裁庭并未支持西班牙的立场,而是认为既然西班牙与第三方签订的 BIT 中的争端解决条款更为优惠,那么最惠国待遇条款就可以扩展适用于程序性事项,这完全符合"同类原则"。 在"Impregilo S.p.A. v. Argentine Republic"案和"HOCHTIEF Aktiengesellschaft v. Argentine Republic"案中,阿根廷同样对仲裁庭的管辖权提出异议。其认为投资者未遵守投资条约规定,在提出投资仲裁前的 18 个月内应向国内法院提起诉讼。 与"Emilio Agustín Maffezini v. The Kingdom of Spain"案仲裁庭相同的是,这两案的投资仲裁庭也对最惠国待遇条款进行了扩大解释,认为投资者可以使用最惠国待遇条款规避提起投资仲裁前的国内诉讼要求。但"Impregilo S.p.A. v. Argentine Republic"案的三位仲裁员意见并不一致。其中,汉斯·戴尼柳斯(Hans Danelius)和查尔斯·N.布劳尔(Charles N. Brower)认为仲裁庭可以通过将最惠国待遇条款应用于程序性事项而获得对投资争端的管辖权。然而,布里吉特·斯特恩(Brigitte Stern)却强烈反对这种做法。布里吉特·斯特恩认为必须区分待遇的实质和程序,而最惠国待遇条款仅适用于前者。换句话说,必须区分权利本身和获取这些权利的条件。布里吉特·斯特恩还认为,尽管可以通过最惠国待遇条款扩大投资者的权利,但不能改变享有这些权利的条件。在"HOCHTIEF Aktiengesellschaft v. Argentine Republic"案中,托马斯(Thomas)也表达了类似的担忧,他认为最惠国待遇条款中没有任何措辞表明它适用于程序性事项。

尽管"Emilio Agustín Maffezini v. The Kingdom of Spain"案的仲裁庭开创了将最惠国待遇条款应用于程序性事项的先例,其后也有许多仲裁庭效仿,但也有部分仲裁庭持反对意见。第一个对最惠国待遇条款进行限制解释的典型案例是"Salini Costruttori S.p.A. and Italstrade S.p.A. v. Hashemite Kingdom of Jordan"案。在该案件中,仲裁庭援引"Emilio Agustín Maffezini v. The Kingdom of Spain"案的仲裁裁决,认为最惠国待遇条款可以适用于争端解决事项,因此可以根据约旦与第三方签订的 BIT 中的更优惠的争端解决条款将争端提交国际仲裁。但该案的仲裁庭认为,"Emilio Agustín Maffezini v. The Kingdom of Spain"案的仲裁庭对最惠国待遇条款的扩大适用可能导致对投资条约的滥用。同时,"Salini Costruttori S.p.A. and Italstrade S.p.A. v. Hashemite Kingdom of Jordan"案的仲裁庭还指出,意大利与约旦签订的BIT中的最惠国待遇条款并未涵盖争端解决事项,也没有证据表明缔约方有意将此条款适用于争端解决事项。因此,"Salini Costruttori S.p.A. and Italstrade S.p.A. v. Hashemite Kingdom of Jordan"案的仲裁庭认定在本案中的最惠国待遇条款不适用于争端解决事项。

二、条约解释规则的适用不当及滥用误用

(一)条约解释规则的适用不当

VCLT的第三十一条已经确立了其在国际习惯法中的地位,但在解决投资者与国家之间的争端问题时,VCLT并未发挥出预期的解决效果。尽管在某些案件的裁决中,仲裁庭认可了该条约的体系价值和强大的适用性,但在条约的解释分析上,仲裁庭的意见与VCLT存在一定的分歧。以"Metalclad Corporation v. The United Mexican States"案为例,尽管仲裁庭在裁决中对VCLT进行了相关解释,但裁决书中并未提及与VCLT相关的解释内容。实际上,VCLT仅在部分裁决案件中被引用,而在其他类型的案件中则鲜有提及。以"Jan de Nul N.V. and Dredging International N.V. v. Arab Republic of Egypt"案为例,仲裁庭在解释国家同意仲裁的范围时,虽然参考了VCLT中的某些内容,但在解释其他类型的投资条约时,并未应用VCLT的规则。比如,在公平公正待遇条款的解释上,仲裁庭沿用了传统解释方法,而未提及VCLT的规则。在"Ronald S. Lauder v. Czech Republic"案中,仲裁庭解释公平公正待遇条款时运用了VCLT的某些规则,但在分析征收条款或投资准入条款时,却未提及VCLT。

此外,在国际投资仲裁庭处理某些案件时,对投资条约的解释同样未充分运用VCLT的规则,甚至有时会用其他条约的规则来替代VCLT的规则。比如,部分仲裁庭在解释案件条约规则时,主要依据的原则包括有效性、公平公正、合理性和合法性等,这些原则可能并不完全符合VCLT所设定的原则范畴。因此,仲裁庭在处理案件时表现出较大的随意性,适用某些原则时并未考虑这些原则是否满足VCLT的规则的需求,也未探讨这些原则的适用性和有效性。以"Phoenix Action, Ltd. v. The Czech Republic"案为例,仲裁庭主要依据国际法的相关内容来解释和分析投资条约。经过审理,仲裁庭认为无论是《解决投资争端国际中心公约》还是

其他国际投资条约,本质上都属于国际法的范畴,同时国际法中还涉及多种条约规则,如VCLT的规则或普通国际法的规则等。大量实践表明,相较于其他争端解决规则,VCLT的规则在仲裁庭处理投资者与国家之间的投资争端时受到的关注度较低。同时,在条约解释环节,仲裁庭对其他条约的规则的依赖度较高,这可能导致仲裁庭运用的投资条约条款与缔结投资条约时的初衷出现冲突。

目前,国际投资仲裁庭在解决投资者与国家之间的投资争端时,通常采用的条约解释规则主要是其他类型的规则,而对VCLT的规则的涉及则相对较少。尽管在国际投资条约中,各缔约国运用了多种投资条约,但在诸多投资条约的解释中,同样未充分运用VCLT的规则所设定的相关内容。

(二)条约解释规则的滥用误用

通过审查与分析某些投资仲裁案件时可知,VCLT的规则在实际仲裁中的应用频率较低,并且存在明显的误用现象。根据国际法委员会制定的相关规定,VCLT中的解释规则并无固定的先后顺序,使用时也不必遵循特定的顺序。然而,一些研究者指出,VCLT的规则实际上存在明确的先后顺序。这样一来,在仲裁庭认为无须遵循顺序的情况下,实际仲裁活动中即便运用了这些规则,仲裁员也未按照先后顺序来开展仲裁活动。著名学者梅格·金尼尔(Meg Kinnear)的研究表明,VCLT中的某些内容表述过于宽泛,导致解释上存在不明确性。因此,仲裁庭在应用这些规则时,常常遇到诸多问题。以"Kiliç İnşaat İthalat İhracat Sanayi Ve Ticaret Anonim Şirketi v. Turkmenistan"案为例,仲裁庭在解释土耳其与土库曼斯坦之间的BIT时,使用了英文和俄文两个版本的解释,而VCLT的规则并未在仲裁过程中得到应用。以"Malaysian Historical Salvors, SDN, BHD v. The Government of Malaysia"案为例,仲裁庭在解释和分析投资条约前,本应准备审查文件以防止解释环节出现问题,但在案件中,仲裁庭在解释条约不清晰的情况下才制定了相应的审查文件。这表明准备工作并未受到仲裁庭的足够重视。

在实践中,由于仲裁庭的不同和案件的差异,VCLT的应用也各不相同。这种不统一的应用方式直接导致国际投资仲裁的真实性和准确性受损。尽管在解决投资者与国家间因投资引起的争端问题时,已存在相应的争端仲裁机制,但实践表明,在立场和仲裁环境不同的情况下,VCLT的应用出现了差异。在某些案件中,仲裁员对VCLT提出了不同的意见和解释,这进一步扩大了分歧和争端。以

"Malaysian Historical Salvors，SDN，BHD v. The Government of Malaysia"案和 "Hrvatska Elektroprivreda d.d. v. Republic of Slovenia"案为例,仲裁庭在处理这两个案件时明确表示,运用VCLT的规则具有很大的复杂性,并且在应用前需要建立在能够证明或解释此规则的指导原则基础上。根据《解决投资争端国际中心公约》的规定,建立以裁决撤销为核心的委员会,一方面可以检验仲裁裁决的准确性,另一方面可以防止审查裁决环节出现非法行为。因此,如果VCLT的规则在实际应用中出现误用,这种误用可以作为撤销裁决结果的依据。以"M.C.I. Power Group L.C. and New Turbine，Inc. v. Republic of Ecuador"案为例,撤销委员会之所以接受投资者的撤销申请,是因为投资者依据《解决投资争端国际中心公约》的规定,解释并说明了VCLT在仲裁庭中的误用情况。然而,投资者的请求最终被撤销委员会拒绝,主要原因是关于条约解释,撤销委员会并不具有管辖权。以"Industria Nacional de Alimentos, S.A. and Indalsa Perú, S.A. (formerly Empresas Lucchetti, S.A. and Lucchetti Perú, S.A.) v. Republic of Peru"案为例,撤销委员会指出,尽管仲裁裁决中提及的内容不能证明仲裁庭应用了VCLT的规则,但这充分反映出VCLT的规则并未受到仲裁庭的足够重视。富兰克林(Franklin)在撤销仲裁委员会任职期间表示,如果仲裁环节未重视VCLT,那么仲裁裁决生成的仲裁书将失去应有的准确性和可信度,对这种仲裁书理论上可以要求仲裁庭撤销。

综上所述,在解决投资者与国家因投资引起的矛盾和冲突时,VCLT的规则经常出现被滥用或误用的情况,导致仲裁裁决中所运用的条约解释内容具有明显的不确定性,从而使得仲裁裁决逐渐丧失原有的真实性和可靠性。

目前,为了提升国际投资仲裁机制在国际社会中的公信力,联合国已经采取了多种方式对其进行优化和改革,而条约解释中出现的问题在每次改革中都有所提及。另外,在履行条约时,应体现其真实意图。也就是说,在解释条约时,应尽可能地有利于条约效果的最大化,以减少东道国公共利益的损失。仲裁庭在裁决案件时,应尽可能地保护投资者的合法权益,在确保其权益不受限制的基础上,适当运用管辖权,对条约进行扩大解释,以促进国际争端解决朝着更加科学高效的方向发展。对于仲裁庭而言,在解释公平公正待遇条款时,除了可能的扩大解释外,还涉及影响仲裁结果的不确定性因素,这可能导致仲裁结果无法保持公平性和有效性。限制性解释在实际应用中可能影响国家主权,因此,应尽可能地给出有利于国家主权的解释,确保东道国的公共利益得到保护,为国际投资者创造更优越的投资环境,更好地实现双方的合作目标。

第二节　国际投资仲裁中条约解释问题的原因探析

一、国际投资条约文本缺乏精确化

通过分析大量国际投资者和国家间矛盾争端解决的案例可知,国际投资条约尚未形成一个高效合理的文本体系。在具体解释这些条约时,一些仲裁庭选择扩大解释,还有一些仲裁庭选择限制解释,这导致实际解释结果存在显著差异,从而对国际争端的解决产生较大影响。仲裁庭在条约解释方面拥有一定的权力,但缺乏一个标准化的文本作为详细解释的参照,这导致仲裁庭对条约的解释存在多样性,解释结果也不尽相同。如果投资条约能够提供更加详尽的文本约束,仲裁庭将无法自由解释条约内容,这将有助于促进国际投资者和国家间矛盾的有效解决。然而,在国际投资条约中,许多核心条款的文本不够详尽,仲裁庭对此往往有更灵活多变的解释,这影响了争端矛盾问题的高效解决。

在实际应用公平公正待遇条款时,许多国际投资条约并未明确界定该条款的具体构成内容。一些学者指出,在阿根廷与美国签订的BIT中,虽然提到东道国应为投资者提供公平公正待遇,但在具体描述时,仅使用了公平、平等之类的词汇,而未对更深层次的含义进行清晰明确的说明。不同仲裁庭对公正公平待遇条款的解释存在差异,这些差异主要受到仲裁员的文化背景、教育程度等因素的影响,进而影响到解释的一致性,导致更尖锐的冲突和矛盾。比如,在"SGS Société Générale de Surveillance S.A. v. The Republic of Paraguay"案中,仲裁庭认为违反合同约定即违反了公平公正待遇条款,但东道国未履行支付义务并不一定意味着违反了公平公正待遇,这实际上影响了合同的实质性价值和经济目的的实现。在"Duke Energy Electroquil Partners and Electroquil S.A. v. Republic of Ecuador"案中,仲裁庭认为未按合同约定履行并不等同于违反公正公平待遇条款,合同没有履行有可能是东道国主权行为导致的,并不是违反公正公平待遇条款直接产生的后果。许多国际条约中存在宽泛解释的现象,比如,最惠国待遇条款中对最惠国待遇的详细内容未进行界定,仲裁庭在适用此条款时往往根据自身意志进行解释,尽管仲裁庭在这方面拥有较大的自由裁量权，但主观因素的影响使得最终裁决结果缺乏客观性，条约解释的矛盾更加显著。

VCLT本质上属于国际习惯法的范畴。在实际应用中，必须依据其制定的规则来解释各项条约内容。根据VCLT的要求，条约解释需要具备四项核心要素：一是通常含义；二是善意；三是条约目的；四是上下文遵循的宗旨。在分析条约时，通常需要运用"通常含义"。然而，VCLT并未对"通常含义"给出详细解释和定义，这导致仲裁员在解释条约时可能会遇到问题。在实践中，几乎所有国际投资仲裁案件都会运用到"通常含义"。但是，"通常含义"究竟是怎样的条约用语呢？目前，不同仲裁庭给出的解释和定义存在差异。根据国际投资仲裁机构的解释，了解"通常含义"可以借助字典等工具书来查找具体的解释和来源。然而，字典记录的内容并不能涵盖所有条约用语的解释。比如，在"Methanex Corporation v. United States of America"案中，仲裁庭针对"关于"一词进行解释和定义时，字典给出的解释有着多种不同的含义，因此，仅依靠字典难以找到最佳定义。此外，"通常含义"在实际运用中还存在其他问题，比如，在解释投资条约时，是参考缔结用语还是条约用语解释？针对这一问题，VCLT目前并未给出明确的解释和说明。另外，在"上下文"的解释中，VCLT同样没有提供统一的解释，导致实践中常出现误用VCLT的情况。

VCLT对嗣后协定和嗣后实践作出了详细解释和说明。然而，这些解释和说明过于笼统，涉及的问题繁多，导致仲裁实践中难以科学地将二者有效区分。对国际投资仲裁的现状进行考察和分析后发现，无论是嗣后协定还是嗣后实践，都出现了许多问题。以"Sanum Investments Limited v. Lao People's Democratic Republic"案为例，在此案件中，老挝明确表示，中国在2014年与老挝参与的外交会中根据VCLT规定对条约解释中涉及的嗣后协定与嗣后实践作出了相应的解释。然而，仲裁庭认为由于未提及相关协议，所以在解释《中华人民共和国政府和老挝人民民主共和国政府关于鼓励和相互保护投资协定》时，可以利用嗣后协定和嗣后实践来对其进行修改。最终，经过仲裁庭和东道国等主体的协调，形成了统一的意见。由此可见，VCLT制定的一些规则存在模糊性，这对形成统一解释产生了影响。

综上所述，尽管VCLT为条约解释制定了相关规定和必要原则，但在界定方式上存在模糊性，导致规则的适用性降低，效果不能充分发挥。因此，在仲裁实践中，VCLT的运用会受到仲裁人员主观意识的影响。

二、国际投资条约"碎片化严重"

条约解释之所以存在明显的不一致特征,与国际投资条约尚未形成一套完善的体系有很大的关系。在当前的发展阶段,国际投资条约的内容差异显著,表现出强烈的独立性特征。实现条约解释的一致性目标面临诸多挑战。据调查,国际投资条约的总数约为3000个,尽管国际投资条约数量众多且内容丰富,但目前尚未对这些条约进行有效的区分和整合利用,缺乏一个高效合理的国际投资条约运行体系。在实际应用中,由于条约解释的不一致性,争端解决的结果也存在差异。在国际贸易投资活动中,碎片化的国际投资条约实际上发挥的作用有限,尚未构建起一个高效合理的法律框架。在解决国际争端和问题时,往往受到较大的约束和限制,这也是国际投资条约解释不一致问题形成的主要原因。不同利益主体的意志难以达成一致,矛盾更加尖锐,影响了国际投资活动的顺利进行。国际投资条约的无序扩散影响尤为显著,国际社会尚未构建一个高效合理的投资政策框架。尽管许多国际组织在这方面做出了努力,但实际成效并不显著。20世纪60年代,学者赫尔曼·约瑟夫·阿布斯(Hermann Josef Abs)在研究中指出,国际投资条约中涉及仲裁庭裁决的内容众多,但在具体执行过程中,难以达到良好的应用效果,条约解释的不一致性问题突出,进一步加深了国际投资矛盾,影响了国际关系的稳定。进入20世纪80年代,国际投资条约开始发挥作用,国际经济组织积极推动国际法律框架的完善,并在国际贸易中发挥这些条约的作用,以维护国际投资项目的有效实施。当时,这些条约的应用效果良好,相关的投资规则也得到了进一步明确。然而,不同国家的习惯和思想观念差异巨大,在此背景下,国际投资共识的追求逐渐成为国际组织和研究学者关注的焦点。联合国成员在投资共识方面存在较大争议,世界银行也在探索更加高效合理的投资争端解决机制。到了20世纪90年代,OECD决定构建多边投资体系,并通过谈判等形式对投资条约涉及的标准进行细化和明确。在当时,OECD起草了MAI,但由于缺乏应用条件,MAI并未发挥实质性作用。随后,WTO在多边投资体系的构建上做出了创新和努力,越来越多的国际组织认为构建多边投资体系对于稳定国际投资环境具有积极的促进作用,能为投资者提供更好的投资环境。尽管各国际组织在多边投资体系构建上做出了努力,但实际成果并不显著。在全球范围内,多边投资体系的构建是一个复杂的系统工程,需要更多的精力投入。受条约变化的影响,多边投资体系的构建难以顺利实施,在未来的发展中,这仍是一个重要的讨论焦点。

三、国际投资仲裁机制的内生性缺陷

（一）特设仲裁庭制度

ISDS 机制主要依赖特设仲裁庭制度,然而这一制度本身就存在缺陷和不足,引发了诸多争议。它在实现条约解释一致性方面遭遇挑战,有时还会产生干扰因素。世界银行曾提出两种仲裁庭制度:常设仲裁庭和特设仲裁庭。但鉴于第一种设想缺乏实施条件,最终只建立了特设仲裁庭。特设仲裁庭的运行机制存在固有缺陷,这可能导致条约解释的不一致性,进而影响国际争端解决的成效。尽管常设仲裁庭能更有效地解决特设仲裁庭的内生问题,但目前条件尚不成熟。因此,特设仲裁庭的内生机制缺陷成为导致条约解释不一致的关键因素。

（二）仲裁员能力问题

特设仲裁庭通常根据仲裁案件的具体情况选拔仲裁庭成员,组建仲裁庭团队,这导致仲裁庭成员构成具有极大的不确定性,呈现出显著的临时性特征。这种做法在实际条约解释过程中,可能会受到多种因素的影响,包括文化水平、专业水平、思想观念等。仲裁庭成员在解释条约时,往往受到个人因素的影响,表现出强烈的主观性特征,这直接影响到最终的仲裁结果。一些研究者指出,国际投资仲裁至关重要,若处理不当,可能会产生严重的负面影响。仲裁员的个人偏好和思想观念差异,无疑会对最终的仲裁结果产生影响。仲裁员所采用的方法同样会影响条约解释的一致性,不同的方法可能导致不同的条约解释结果。大量仲裁实践表明,条约的目标和宗旨是影响条约解释的重要因素,仲裁员在解释条约时会将这些因素作为重要参考,从而使得条约解释结果在很大程度上反映了投资者的意愿。投资条约设立的主要目的是促进双方合作,实现共赢,因此必须按照条约中的约定内容执行,确保投资者的投资目标得以顺利实现。

与国际商事仲裁相比,国际投资仲裁存在显著差异。国际商事仲裁主要解决私人间因商业活动引起的矛盾和冲突,其仲裁依据主要是双方签署的商业合同。

而国际投资仲裁主要处理投资者与国家间因投资引起的矛盾和冲突,其仲裁依据为国际投资条约。由于二者所针对的对象和依据不同,因此存在较大差异。值得注意的是,国际商事仲裁中的许多从业者拥有丰富的国际法知识和技能,以及丰富的仲裁经验。比如,他们能够清晰地理解商业交易的流程,准确分析复杂的财务报表,熟悉商业仲裁程序和流程等。然而,在处理投资者与国家间因投资引起的矛盾和纠纷时,国际投资仲裁庭依据的主要是国际法规则,比如,投资者可根据投资条约内容向仲裁庭提起仲裁诉讼;东道国必须遵守投资条约规定的规则和义务;在仲裁裁决过程中,条约解释内容需遵循 VCLT 等。由此可见,在国际投资仲裁中,合格的仲裁员不仅需要具备丰富的知识储备和专业技能,还必须了解国际法的相关规定和原则。然而,在实践中,许多从业者在这方面的能力并不完整,知识储备也存在较大问题。

此外,在处理投资者与国家间因投资引起的争端时,国际投资仲裁庭的仲裁员可能会受到"双重身份"的影响,即在案件解决过程中既扮演仲裁员的角色,又在需要法律知识时扮演律师的角色。因此,角色的复杂性也反映了案件处理的复杂性。如果仲裁员在案件处理中出现角色混淆,即使提出了案件处理意见,其真实性和有效性也值得怀疑。①本质上,仲裁员之所以出现角色混淆,是由于其能力限制所致。在解决投资争端时,仲裁过程中会遇到许多干扰因素,这些因素间接影响了 VCLT 的适用性。

(三)条约解释的纠正机制缺失

在当前的发展阶段,一些在国际贸易领域拥有话语权的国际组织开始审视现行国际争端解决机制中的国际投资条约是否合理,并且主动进行深入研究,对这些条约的内容进行必要的修订和补充,以确保条约解释的一致性目标能够顺利实现。通过积极改革,探索新的发展方向。一些学者指出,现行的仲裁员选任机制存在缺陷,应当尽可能地确保仲裁庭人员选择的合理性,这样可以避免产生较大的矛盾和冲突,有利于投资目标的实现,并且减少来自多方利益主体的质疑和反对,从而降低矛盾和冲突。然而,在实际的仲裁事件中,仲裁员的选择通常发生在仲裁案件发生之后,双方为了实现各自的利益目标,往往会选择对自己有利的仲

---

① 前 ICSID 秘书长指出,在 ICSID 仲裁中,仲裁员兼任律师或代理人的做法引发了利益冲突,使 ICSID 的声誉遭受质疑。他希望仲裁员能够自律,否则,ICSID 秘书处可能就此制定明确的规则。

裁员,这容易导致不公平现象的产生。仲裁问题的解决至关重要,仲裁庭的裁决结果直接影响到争端的实际解决,如果仲裁庭成员的选择不合理,那么很容易引起双方的矛盾和冲突,仲裁结果的公正性也可能无法得到保障。在特设仲裁庭制度的影响下,选任机制的不合理性导致条约解释一致性目标难以顺利实现。除此之外,在处理国际争端时,仲裁机制缺乏相应的自我检查和纠错机制,导致问题无法得到高效合理解决。ISDS机制明确规定,撤销仲裁结果必须符合相关规定的条件。撤销的内容也十分有限,并未对实质性错误产生的影响进行处理,实际效果也相当有限。即便仲裁庭的裁决结果出现错误,按照规定也无法撤销。比如,在"CMS Gas Transmission Company v. The Argentine Republic"案中,委员会虽然指出了仲裁庭的错误,但由于受到国际公约的限制,也无法撤销裁决结果。只有在满足特定条件的情况下,才有资格撤销仲裁庭的裁决结果。委员会不能仅从自身的法律观点出发提出意见。

综上所述,特设仲裁制度及其选任机制在多个方面均显示出不足之处。其自我审查和自我纠正的能力较弱,撤销资格的使用受到限制,内生机制的固有缺陷导致的问题无法得到妥善解决,进而使得投资者与国家之间的矛盾更加凸显,条约解释不一致的风险概率也随之增加。

(四)缺乏透明度

本质上,国际投资仲裁是国际商事仲裁的延伸,在实践中,它同样具备了国际商事仲裁的保密性特征。然而,在处理投资者与国家间因投资引发的国际争端时,国际投资仲裁的保密性特征逐渐暴露出诸多问题,这些问题引起了国际社会的广泛关注和质疑。因此,国际社会呼吁国际投资仲裁应公开准确的仲裁信息,以增加仲裁过程的透明度和公开性。根据新修订的ICSID仲裁规则,在国际投资仲裁公开时,第三方有权参与其中。但在实际操作中,现行仲裁规则并未明确解释和定义透明度相关事宜,导致仲裁过程中的透明度严重不足。可以说,在国际投资仲裁中,由于透明度不足,仲裁过程中出现的问题较为频繁。目前,仲裁庭所采用的仲裁规则并未明确信息公开或透明度的要求。然而,从良好治理原则出发,仲裁行为必须透明,并应主动邀请公众参与监督和管理。在解决投资者与国家间的国际投资争端时,仲裁程序的内容可能影响东道国的公共政策,甚至对东道国的经济发展和民生产生重大影响。因此,仲裁程序应接受国际社会的共同监督。此外,仲裁庭目前拥有的自由裁量权范围广泛,若透明度不足,自由裁量权的运用范围可能会进一步扩大,从而导致一系列矛盾问题的产生。同时,在实践中,尽管仲裁庭会参考和借鉴VCLT来解释国际投资争端相关的法律问题,但由于缺乏透明度和监督机制,即便运用VCLT也可能出现误用或滥用的情况。

第三节　提升条约解释一致性的对策

一、提高仲裁员的能力建设

众所周知,东道国只有不断提高现有的应变能力,才能解决由国际投资仲裁引发的一系列的风险,如国家主权遭受挑战、国家安全受到威胁、环境破坏及人权得到不到保障等。在实际操作中,围绕投资者与东道国之间投资争端建立的仲裁机制,由于仲裁过程过于偏袒投资者,给东道国带来了显著影响。作为仲裁程序的关键参与者,仲裁员制定的裁决书应兼顾投资者和东道国双方的需求。因此,仲裁员必须具备卓越的专业素养、技术能力和广泛的知识储备,以满足实际仲裁的需求。研究显示,仲裁员的教育背景和经验水平存在差异,这导致并非所有在国际投资仲裁庭任职的仲裁员都具备必要的专业技能和丰富经验;仲裁员对国际法的理解程度也参差不齐,这可能会导致仲裁员对VCLT的滥用或误用。在仲裁过程中,仲裁员应用的VCLT的规则仅限于其个人认知范围内,显然无法满足实际需求。因此,为了提升仲裁员的能力,有必要定期开展培训,如通过培训帮助仲裁员掌握相关知识和规则以及理解人权和公共利益的具体含义。目前,一些国际组织已经制定了相应的培训方案,如通过考核的ICSID成员将获得国际投资仲裁机构颁发的从业资格证书。然而,鉴于当前形势,想要让每位国际投资仲裁工作者都获得资格证书,显然还有着一定的难度。

虽然让每位国际投资仲裁工作者都获得资格证书有着一定的难度,但通过合理的选任机制选拔高素质、能力强的仲裁员仍是一个值得尝试的方案。通常情况下,国际投资仲裁机构的所有仲裁员均由仲裁机构或特定机构委派。然而,国际投资条约中包含的仲裁员选任规则本质上应高于仲裁机构制定的规则。根据ICSID的统计数据,迄今为止,通过人事指定选出的仲裁员占比约为84%,而由仲裁机构或相关协议指定的仲裁员占比约为16%。但现行仲裁规则并未对仲裁员的选任方式作出详细规定,因此,当事方可以根据自身需求选择仲裁员。众所周知,在争端发生后,双方都希望利用选人策略来挑选出最有利于自己的仲裁员。

因此,当事人在选择仲裁员时,并非基于其是否具备高素质和素养,而是看重其是否能为自身创造更多价值,使自己在仲裁程序中占据优势。由于仲裁员选择上的问题,VCLT的适用环节也出现了相应的问题。一些学者研究后指出,现行选任制度存在诸多问题,这些问题反映出选任机制尚未健全和完善。联合国贸易委员会在某次会议中明确指出,未来发展中必须制定合理且科学的仲裁员选任机制,以提高解决投资者与国家间投资争端的速度和效率。

综上所述,为了进一步完善仲裁员任命机制,首先,需要制定可行的选用标准;其次,仲裁机构应承担主要责任,根据仲裁员的技术能力和知识储备选用综合实力强的仲裁员;最后,应为仲裁员制定完善的回避程序和信息披露程序。

二、规范 VCLT 的运用

在国际投资仲裁领域,尖锐矛盾和冲突的根源之一在于仲裁庭对同一投资条约的解释存在不一致性。这种不一致的解释在实际执行中容易引发国际争端和纠纷。为了确保投资活动的高效运行,减少条约解释不一致带来的负面影响,并促进双方合作目标的实现,条约解释的统一性至关重要。然而,由于尚未建立一个高效合理的法律框架体系,条约解释不一致的问题难以有效避免。仲裁庭在处理案件时,对特定条约的不同解释会导致所依据的标准发生变化,从而在类似案件中产生截然不同的裁决结果。仲裁庭应依据条约的目标、宗旨以及上下文内容,合理阐述和说明,作为判断是否违反国际约定的重要依据。同时,应积极利用辅助阐释工具,界定条约内容,并在价值判断的基础上分析影响条约解释一致性的各种因素,以确定更符合双方契约精神的条约内涵。本质上,条约解释的分析要求尽可能贴近双方达成的契约,而不仅仅是从法律解释的角度进行落实。随着双边性和区域性投资条约数量的增加,对这些条约的核心构成性质进行明确划分,为条约条款的履行提供坚实依据变得尤为重要。

首先,关于投资条约的解释问题,国际投资仲裁庭应严格遵守 VCLT 中的相关条款。在现实中,许多仲裁庭在应用这些条款时,并未充分理解其含义和具体解释。

其次,在运用 VCLT 时,应注重其整体性而非片面性。例如,条约解释作为一种普遍规则,应具有整体适用性。解释条约的目的在于明确用语的含义,但过分强调解释的限制性,可能会损害用语的真实作用和效果。解释国际投资条约的主要目的是明确用语应有的含义。在解释和分析投资条约时,应同时关注嗣后协定和嗣后实践。因此,条约解释在本质上具有整体性特性,运用时应遵循相关顺序。

最后,关于 VCLT 的运用,国际投资仲裁庭应注重适用顺序。尽管国际法委员会未明确表示各项规则之间的联系,但这些规则对于研究和分析条约的真实含义具有重要帮助。在解决投资者和国家间因投资引发的争端时,国际投资仲裁机制充分体现了 VCLT 在投资条约中的地位和重要性。此外,VCLT 对"准备工作"的解释和定义具有一定的广泛性,这增加了在仲裁庭中适用补充解释方式的难度。

值得注意的是,进行国际投资条约的解释工作时,需要灵活运用 VCLT。条约解释本质上具有科学性,因此要求 VCLT 的运用必须满足灵活性要求。在解释国际投资条约时,国际投资仲裁庭应以客观公正的态度对待,并注重运用环节的灵活性与可行性。如果条约用语含义简单,且双方争议较小,则没有必要引用 VCLT 的规则。

在国际投资仲裁中,仲裁庭有时会出于保护投资者的立场,对条约进行过度解释,从而损害东道国的公共利益。仲裁庭为了维护自身管辖权,可能会对条约进行扩大解释,限制东道国的监管权,使其处于被动。除了仲裁庭对条约解释的自主性过强导致东道国利益相对投资者利益处于弱势地位的情况外,国际投资争端解决也逐渐呈现"司法化"趋势。在一系列案件中,仲裁庭对公平公正待遇条款的扩大解释,以及遵循先例的缺失,导致了仲裁结果的不确定性。比如,在 SGS 的系列案件中,仲裁庭为维护管辖权的一系列解释行为引发了学界对国际投资仲裁正当性的质疑。限制性解释原则的运用直接关系到对国家主权的有利性解释。限制性解释原则指的是基于国家主权的尊重而对条约义务进行限制性理解的立场,而非简单地将其理解为仅是对条款的字面含义作狭义解释。①仲裁庭遵守限制性原则是对东道国权益的维护,反之则是对投资者利益的保护。限制性解释即对条约的善意解释,在存在争议和矛盾时,需要对条约涉及的具体语境和语义进行分析,以尽可能减轻义务方履行的责任,并有效控制干涉影响。VCLT 的第三十一条第一款规定,条约应就其用语按照上下文并参照条约目的和宗旨所具有的通

---

① 李庆灵. 国际投资仲裁中的缔约国解释:式微与回归[J]. 华东政法大学学报,2016(5):133.

常意义,善意地予以解释。这说明在具体解释条约时,应明确条约目的和宗旨,并以此为重要参考依据,结合上下文语义给出善意解释。国际法委员会认为,条约解释的核心在于确保合约的详细构成内容得到明确,并在了解核心属性的基础上进行。在解释条约时,善意地解释更有利于条约发挥其最大合理效果,也更符合国际法精神。

三、充分利用缔约国联合解释

在解决国际争端的过程中,缔约国联合解释机制的作用更加突出,它能够在一定程度上限制仲裁庭自由裁量权的发挥,并对维护条约解释一致性起到很好的促进作用。比如,NAFTA对美国、加拿大和墨西哥签订的MAI中所涉及的公平公正待遇条款进行了解释,尤其是对最低标准待遇的详细构成内容进行了联合解释。缔约国解释的重要来源就是一般条约解释,而条约解释对于具体规定意义的正确阐述起到很好的促进作用。尤其是在条约类型划分的基础上,能够根据联合解释机制来更好地为国际矛盾争端的解决提供依据。条约的有效解释被进一步细分为不同的缔约国解释类型。①尤其是对条约解释的效力进行合理有效划分,确保有效解释内容可以得到确定。缔约国联合解释主要利用两种方式来达成,一是在构建多边投资体系的基础上,设立联合协商机构,专门负责MAI中一些有争议的条款,并且提供详细具体的条款解释,这些解释经发布之后即可生效;二是利用BIT的缔约双方,对条约内容给出详细的规定。很多条约都遵循联合机构作出的一些解释内容,很少进行二次协商。之所以会存在这种现象,是因为联合解释如果被纳入职能范围需要耗费大量的时间和精力。对于主权国家而言,对存在的投资争议,需要预留协商空间,以便通过协商来寻求更有力的解决方案。

---

① 根据条约解释的主体分类,"有权解释主体"主要包括缔约国、国际司法机构、其他授权机构等。而缔约国解释包括全体、部分和个别缔约国的解释。

第六章

国际投资仲裁正当性危机中实体问题的中国因应

　　从中国角度而言,作为世界上公认的双向投资大国,中国在全球开展的投资布局所沿用的是国际投资结构,这种结构藏匿的风险非常多。近些年来,受到多种因素的影响,全球经济一度出现了明显的下滑趋势,在此背景下,中国率先采取合理措施,短期内实现了复工复产,这一举措成功吸引了大量的外资流入国内。在这种情况下,中国应当充分认识大规模外资注入引起的一系列风险。因此,为了规避外资风险,中国必须采取合理措施优化国内投资环境,并逐步建立健全中国国际投资条约体系。另外,中国也要加强本国仲裁员素质能力建设,为国际仲裁机构输送更多的中国仲裁员,提高在国际投资仲裁中的话语权。

第一节　中国的投资格局剖析

一、双向投资大国下的双重身份

根据 UNCTAD 发布的《2017 年世界投资报告》,中国在 2016 年的对外投资额激增 44%,达到 1830 亿美元,这标志着中国首次在该报告中位列全球第二大对外投资国。自 2014 年转变为净资本输出国以来,中国已经连续 7 年保持在双向投资大国的行列中,这表明中国已经具备了东道国和投资者母国的双重身份。商务部、国家统计局和国家外汇管理局联合发布的《2020 年度中国对外直接投资统计公报》显示,2020 年中国对外直接投资流量 1537.1 亿美元,首次位居全球第一。

《2020 年度中国对外直接投资统计公报》进一步指出,2020 年末,中国对外直接投资存量达 2.58 万亿美元,次于美国(8.13 万亿美元)和荷兰(3.8 万亿美元)。中国在全球外国直接投资中的影响力不断扩大,流量占全球比重连续 5 年超过一成,2020 年占 20.2%;存量占 6.6%,较上年度提升了 0.2 个百分点。2020 年,中国的双向投资基本持平,实现了引进来与走出去的同步发展。

二、投资结构下的投资风险高发区

从投资领域来看,我国对外投资领域日趋广泛,结构不断优化。商务部、国家统计局和国家外汇管理局联合发布的《2023 年度中国对外直接投资统计公报》指出,2023 年,中国对外直接投资涵盖了国民经济的 18 个行业门类,其中流向租赁和商务服务、批发零售、制造、金融四个领域的投资占全年总量近八成。对建筑业、信息传输/软件和信息技术服务业投资增长较快,增速分别为 97.2%、34.9%。上述这些行业均是国际投资仲裁常见的易纠纷行业,且案件频发。相关报道显示,中国投资者目前向国际投资仲裁机构提交的仲裁申请案件的涉及面广,如合同违约、工程争议等。

从投资主体来看,公有经济控股主体对外投资增速高于非公经济。2023 年,中国对外非金融类直接投资流量中,公有经济控股主体对外投资857.6亿美元,增长20.9%,占53.9%,较上年提升4.2个百分点;非公有经济控股主体对外投资733.1亿美元,增长3.3%,占46.1%。

从投资区域来看,截至2023年底,中国3.1万家境内投资者在国(境)外共设立对外直接投资企业4.8万家,分布在全球189个国家(地区),年末境外企业资产总额近9万亿美元。同年,中国在"一带一路"共建国家设立境外企业1.7万家,并实现直接投资407.1亿美元,较上年增长31.5%,占当年对外直接投资流量的23%;直接投资存量为3348.4亿美元,占中国对外直接投资存量的11.3%。

总体而言,中国在对外投资结构上面临的风险相当显著,具体体现在以下几点。第一,在非洲和亚洲等地区的投资中,中国主要与发展中国家合作。由于这些国家的政策体系和制度体系尚未完全成熟和完善,这使得中国投资的风险进一步增加。第二,在对欧美国家的投资中,中国主要与发达国家合作。由于发达国家的体制机制相对完善,中国投资因此面临更多的审查风险和安全风险。第三,中国企业在中国投资主体中占据很大比例。作为市场中的相对弱势群体,企业在国外投资时容易受到投资国的本地政策或法律等因素的影响。

三、百年变局下的投资高危期

进入21世纪,全球大变局的序幕缓缓拉开。从"第四次工业革命"加快转变经济发展方式,到全球气候变暖带来的新能源"革命",从国际关系格局的改变到全球经济重心的转移……这些因素都在让经济发展具备更为复杂的不确定性。近几年来,能源危机、极端气候变化、地区冲突和战争等,无论是对中国对外投资还是外商来华投资都带来了不小的挑战,在此背景下,争端可能更加凸显。在未来很长一段时间内,投资都将处于高危期。

第二节　平衡"国家利益与投资者利益"的措施

如果投资条约拥有的自由化程度非常高,那么国家主权必然会面临着严重的威胁。在缔结投资条约时,国家主权呈现出的独立性越高,则需面对的风险也就会越大。诸多实践证实,某个国家之所以能够吸引大批量的外资关注,不仅在于国家经济发展和市场空间,而且更在于国家现行制度是否完善,相关法律条例是否健全等。发展至今,诸多研究者利用实证研究的方式也相继证明了这点。比如,外资流入和国际投资条约拥有的关联性并不显著;再如,国与国并未形成投资条约关系时,投资增长速度非常快;又如,在缔结投资条约后,外资注入总量出现了明显下滑。

一、坚持维护国家利益原则

规则对于投资规模和流向具有显著影响,因此,这种影响应当得到重视和关注。作为投资法的核心组成部分,外商投资法的作用和效果不容忽视。本质上,无论是经济发展还是市场发展,都离不开健全的政治制度。如果我国的政治环境不佳,即使市场空间广阔或经济发展良好,外资的吸引力也会大打折扣。因此,在吸引外资方面,政治环境和法律环境的重要性不言而喻。基于此,一方面,我国需要优化现行法律环境,以提高对外资的吸引力;另一方面,我国绝不能放松限制自由化投资条约的发展,对市场应制定严格的准入制度和规则。同时,借鉴国外先进国家的经验和教训,提高我国应对国际形势变动风险的能力。

在当今世界,无论是发展中国家还是发达国家,都对国际经济规则中涉及的国家经济主权表现出高度关注。这种关注不仅体现在国际行为上,也体现在企业行为上。比如,从OECD制定的MAI来看,该条约中的争端解决机制和国民待遇原则等都涉及了禁止投资和投资设立等相关措施与要求。本质上,国际规则在国家经济主权上的渗透应由东道国自行决定,东道国享有这一权利。此外,投资者进行的各项投资活动对拉动地方经济增长具有积极作用。因此,国际投资仲裁不仅要重视保护外国投资者的合法权益,还要重视保护东道国的合法权益。

为了给外国投资者提供更好的投资环境,促进境内企业的良性循环发展,并防止国家主权或国家利益受损,我国国务院办公厅早在2011年初就正式发布了《国务院办公厅关于建立外国投资者并购境内企业安全审查制度的通知》。该文件第一条规定了并购安全审查的范围,内容包括外国投资者并购境内军工及军工配套企业,重点、敏感军事设施周边企业,以及关系国防安全的其他单位;外国投资者并购境内关系国家安全的重要农产品、重要能源和资源、重要基础设施、重要运输服务、关键技术、重大装备制造等企业,且实际控制权可能被外国投资者取得……该文件第二条规定了并购安全审查内容,具体包括:一是,并购交易对国防安全,包括对国防需要的国内产品生产能力、国内服务提供能力和有关设备设施的影响;二是,并购交易对国家经济稳定运行的影响;三是,并购交易对社会基本生活秩序的影响;四是,并购交易对涉及国家安全关键技术研发能力的影响。我国通过这些限制措施来控制外国投资者对本国经济和国家安全的影响。尽管这些内容仍有待完善,但未来将逐步健全和完善。

此外,我国还可以充分利用缔约国联合解释,在投资条款的设置上,设立联合协商机构,专门负责处理MAI中的一些有争议条款。对于投资争议,预留协商空间,以便通过协商寻求更有利的解决方案。同时,我国可以加强国内仲裁员能力建设,提高我国仲裁员的国际法专业素养和能力,为国际仲裁机构输送更多的中国仲裁员,提升中国在国际投资仲裁中的话语权。

二、坚持区分原则

自20世纪末OECD拟定的MAI出现问题后,WTO陆续颁布了多项制度条例,包括《与贸易有关的投资措施协定》《与贸易有关的知识产权协定》《补贴与反补贴措施协议》以及GATS等。这些文件出台后,国际投资立法的相关问题仍旧是国际投资理论和实践关注的焦点。在某种程度上,发展中国家与发达国家在投资领域存在的矛盾和冲突依然十分尖锐。因此,逐步健全和完善世界贸易组织制定的多边贸易体系,对于参与双边贸易的各国来说,是一个不容忽视的重要议题。

经过多年的发展,我国社会主义法律体系已经逐步健全和完善。在外商投资机制方面,我国经历了从无到有的发展过程。目前,在社会主义市场经济蓬勃发展的背景下,我国有必要建立一套完善的外商投资法律体系。然而,目前我国在外商投资法制方面仍需进一步完善。因此,在未来制度建设中,我国可以适当借鉴发达国家的先进经验和做法,并结合我国的实际情况与投资环境,制定出一套适合我国国情的外商投资机制。鉴于不同国家具有不同的国情,各国投资者的投资行为也各不相同,外商投资机制必须实现多元化和多样化,以满足实际的外商投资需求。

(一)对发达国家采取的措施

中国在引进外资方面取得的显著成就,并非仅仅归功于 BIT 等。实际上,以下几个关键因素起到了决定性作用。第一,中国拥有庞大的劳动力资源,且劳动力成本相对低廉。第二,中国政府为外资企业量身定制了一系列优惠政策,这些政策极大地促进了外资企业的发展。自我国加入 WTO 以来,我国市场实现了进一步开放,加之中国政府的积极支持,吸引了大量外资流入。这一过程虽然加速了中国经济的发展,但也加剧了国内企业间的市场竞争。第三,中国长期保持政治稳定,为外资企业提供了具有较低政治风险的环境。同时,现行法律体系也为外资提供了多重保护措施,确保了资金的安全。第四,中国广阔的国土和丰富的资源,以及较低的物价水平,为外资企业的发展提供了有利的外部条件。据相关数据统计,中国在吸引外资方面,远远领先于世界其他国家或地区。

为了确保市场的稳定发展,中国目前正在对现行的政策进行调整和优化。在此过程中,政策变动对外资可能产生的影响或风险不容忽视。目前,我国已经从早期的计划经济转向追求高质量的经济发展。经济转型自然会伴随着一系列问题的出现。因此,为了预防这些问题可能带来的风险,并降低问题发生的频率,中国迫切需要逐步优化和调整现行的政策法规和法律体系。

首先,近年来,中国政府在国际舞台上一直致力于推动良性发展和可持续发展。然而,如果对外资企业施加过高的环境保护要求,这可能会对外国投资者的利益产生不利影响。其次,在长期的发展过程中,中国的劳动保障制度尚未得到充分完善,而国内现有的工会组织往往形同虚设。与此同时,中国经济的快速增长也导致了社会贫富差距的显著扩大。为了有效解决上述问题,中国政府提出了构建和谐社会的理念,并制定了一系列旨在促进和谐社会发展的保障措施,这些措施无疑也会对外国投资者的利益产生影响。最后,中国作为全球公认经济增长最快的新兴国家,尽管经济展现出强劲的发展势头,但其金融体系和经济运行机制仍未完全成熟。因此,为了减少体制缺陷带来的风险,并增强国家经济安全,中国势必会采取一系列治理措施。在这种情况下,外国投资者的利益同样可能会受到影响。

综上所述,无论是政策还是各项制度在未来中国发展中必然会得到转变。另外,目前国际经济形势非常恶劣,在这种情况下,中国经济一旦出现了严重的问题,那么中国政府必然会利用有效的方式来逆转经济发展。而在整个过程中,外资利益受损情况则会根据中国作出的调整措施来定。面对这种情况,如果不能使外资利益受损情况得到妥善解决,那么投资者向国际投资仲裁庭起诉中国后,中国所面临的损失将是不可估量的。

(二)对发展中国家采取的措施

在世界各国中,中国本土的外资注入总量非常庞大。在中国政府的正确领导下,加上对外开放和走出去等相关政策的作用,中国外资规模日益壮大。鉴于此,如何在不干扰外资流入的同时,找到方法协调中国与投资者之间的关系,减少因投资引发的冲突和矛盾,无疑是一个需要深思熟虑和认真对待的关键议题。从某种程度上讲,经过多年的发展,中国在吸引外资方面积累了丰富的经验,并且建立了相对完善的外资保护体系。此外,中国的政治和经济环境普遍有利于外资的发展,因此短期内外资利益受损的可能性很小。然而,考虑到我国对外投资的现状,许多投资主要集中在政治和经济较为动荡的国家和地区,中国企业在外面临的挑战不容忽视。

研究外国资本在其他发展中国家所依据的法律保护规定,可以发现这些国家的法律保护体系同样存在诸多缺陷。比如,法律体系本身存在重大漏洞;救济途径存在诸多问题;保护措施的力度不足;等等。鉴于部分发展中国家经济成长相对滞后,加之政治局势尚未完全稳定,我国企业在这些国家投资时所面临的风险无疑会非常高。因此,为了保障我国企业的利益,中国政府在签订国际投资协议时,必须特别强调我国企业在国际市场中应享受到的公平公正待遇和安全保护。

在全球经济一体化的背景下,诸如BIT等的制定过程中,不平等和不公正的问题日益凸显。国际知名法学家M.索拉拉贾(M. Sornarajah)在深入研究后指出,目前各国签订的众多BIT缺乏公平性。在这些条约的签订过程中,发达国家往往

国际投资仲裁正当性危机化解中的实体问题研究

Research on Substantive Issues in the Legitimacy Crisis of International Investment Arbitration

拥有更多的主导权,而发展中国家则相对较少。即便双方严格遵守条约规定的内容,确保资金的双向流通,但由于国家间巨大的资金和技术差异,资本流动往往呈现单向性,且主要流向发达国家。长此以往,各缔约方之间的交换关系就会出现问题。此外,现行的许多条约并未对义务作出明确的规定,也未对资本流动的具体情况和准确性进行规范。同时,外国投资者在东道国的资本权益受损时,可以通过国际投资仲裁庭来寻求解决。这一点反映出,东道国现行法律对外资的约束力相当有限。

综上所述,为了最大化BIT的效用和价值,并确保其互利平等的关系得到实际体现,在未来的发展过程中,中国与其他国家在缔结新的BIT或修订现有条约时,应着重考虑双方的经济实力。通过对比分析,明确中国与相关国家的经济水平差异,从而制定出最适宜的外资法律保护机制。同时,应权衡国际仲裁的诉讼能力,根据不同的环境和需求,制定具有针对性的策略,以维护和保障国家安全。

三、国际投资条约国家安全例外条款的设置

在BIT的制定方面,中国目前所签署的BIT中,只有极少数内容沿用了美国和阿根廷的BIT规定①,而其他规定在中国的BIT中并未涉及。比如,我国当前签订的BIT范本尚未包含根本安全例外条款。因此,在未来签订BIT时,中国应重视将此条款纳入,并明确规定在东道国的经济或政治利益受到威胁时,可以采取适当措施应对。具体来说,应考虑以下几点。第一,如果东道国面临社会或环境问题,这些问题可能影响其发展。目前,尽管某些国家已经开始引用这种情况,但尚未给出明确的解释。如果这类问题无法得到妥善解决,那么在未来可能出现的纠纷中,这些问题无疑会对东道国产生重大影响。第二,关于国际安全和国际合同,目前在缔约国之间已形成共识,缔约双方不会因此产生分歧。第三,公共秩序问题,在现有的许多BIT中都有所提及。由于各国情况不同,对公共秩序的解释也各不相同,这在实际应用中容易引起分歧。因此,我国应特别关注并重视这一问题。

---

① 比如,《中华人民共和国政府和新加坡共和国政府关于促进和保护投资协定》《中华人民共和国政府和新西兰政府关于鼓励和相互保护投资协定》。

（一）根本安全例外条款应用的双重影响

美国与阿根廷签订的BIT明确指出,赔偿问题和最惠国待遇条款应纳入BIT的框架内。根据前述内容,将根本安全例外条款并入BIT的目的是确保国家在拒绝履行义务时,必须承担相应的赔偿责任,并依照法律规定支付适当的赔偿金额。从实际操作的角度来看,当BIT的任一缔约国因环境或政治问题不得不采取特定措施,从而对另一缔约国投资者的利益造成损害时,尽管投资者有权获得赔偿,但这种赔偿对投资者的保护力度相对有限。从国民待遇的角度来看,目前全球范围内尚未出现国家因实施特定政策或制度影响某些国民利益而向国民进行赔偿的情况。其根本原因在于,在面临重大危机时,国家可以在法律允许的范围内动用其权力,调动所有资源,这种权力不仅具有宪法赋予的性质,而且具有集中的特点。从最惠国待遇的角度来看,如果BIT的条款中未包含此类条件,那么投资者在自身利益受到严重损害后,将无法获得应有的赔偿。

以"CMS Gas Transmission Company v. The Argentine Republic"案为例,仲裁庭在审理过程中提出了明确的观点:阿根廷在与其他国家签订条约时,并未采用与美国签订BIT时所遵循的规则。因此,申请人若试图援引最惠国待遇条款,该条款在仲裁中可能无法发挥预期的作用和效力。从这一点可以看出,为了更好地保护我国海外投资者的利益,我国可以参考1992年签订的《中华人民共和国政府和大韩民国政府关于鼓励和相互保护投资协定》的内容。具体而言,我国可以考虑在未来的投资条约中加入与该文件相似的条款。[1]换言之,当我国投资者因前往外国投资而受到某国政策调整的影响遭受损失时,若该行为国的行为不能完全符合根本安全例外条款的情况,则应承担相应的责任和赔偿义务。

----

[1]《中华人民共和国政府和大韩民国政府关于鼓励和相互保护投资协定》的第五条:一、任何一国的投资者的投资和收益,在另一国领土内,应始终受到保护和保障。二、任何一方国家的投资者的投资和收益,在另一国领土内,只有为了公共利益,在非歧视的基础上,方可被征收、国有化或采取其他具有类似效果的措施(以下称"征收")。征收应依照适用的法律和法规进行,并给予补偿。三、本条第二款所述的补偿应在宣布征收决定或征收决定为公众所知前一刻投资的市场价值的基础上计算。若市场价值不易确定,则依照普遍承认的估价原则,在公正原则基础上,尤其考虑原投资资本、折旧、已汇出资本及其他相关因素以确定补偿。该补偿的进行不得迟延,应包括自征收之日起直至支付之日以适当利率计算的利息,应能以确定补偿款额之日有效的官方汇率有效实现并自由转移。四、任何一国投资者在另一国领土内有关本条第一至第三款所述事项方面,保证得到非歧视待遇。五、受影响的投资者有权依照采取征收一国的法律,请求该国有管辖权的法院或行政仲裁机构或行政机关,就本条第二、三和四款所述措施及补偿款额进行及时审查。六、若任何一国在其领土内任何地方征收依照其有效法律组成或设立的另一国投资者拥有股份的公司的财产,应适用本条规定。

关于具体的赔偿方式,本文建议可以沿用或参考关于阿根廷的系列案件的分析结果。根据前文所述的赔偿原则,阿根廷确实遭遇了严重的经济危机,在此背景下,其采取的措施确实为投资者带来了利益损失,因此阿根廷应当承担相应的赔偿责任。然而,必须指出,责任不应完全归咎于阿根廷,投资者也应承担部分责任。其根本原因在于,投资者在向某国投资时,应评估被投资国的经济发展和政治局势。若东道国在特殊情况下出现社会或经济风险,投资者应预见并承担相应的责任,这种责任是基于风险预见性的。此外,虽然东道国在投资前承诺保护投资者利益,但这种保护是建立在国家的安全和经济安全基础之上的,并不意味着投资者在东道国的投资不会面临任何风险。从另一个角度看,当东道国面临经济危机或国际安全问题时,可能不得不采取措施以减轻国家安全或经济危机的影响,即便这些措施影响到投资者,投资者仍有足够的时间采取措施以减少或挽回损失。比如,当投资者察觉到东道国国内形势动荡时,可以立即暂停现有的生产任务,而不是在国家采取措施后,向国际投资仲裁庭提起仲裁诉讼要求赔偿。

因此,从公平公正的角度出发,当东道国采取措施以遏制本国经济或防止国家安全进一步恶化时,若投资者利益受损,他们也应承担相应的责任。那么,这种责任承担方式是否可以应用于赔偿金额的计算呢?显然,投资者在承担部分责任后,赔偿金额将不可避免地发生调整,而这种调整恰好能够平衡投资者与东道国双方的经济利益。

在历史的演进中,根本安全例外条款已经从早期的国家实践发展为国际习惯法的一部分。根据《国家对国际不法行为的责任条款草案》的要求,该文件虽然对根本安全利益例外条款进行了阐释,但其重点在于原则性的解释。然而,过分强调原则性而忽视适用性的问题,将导致许多实际问题的产生。鉴于此,我国应积极推动《国家对国际不法行为的责任条款草案》的完善与强化,以增强其适用性和适应性,从而最大化地发挥该文件的作用和价值,并进一步加强对国家利益的保护。

第三节　平衡"公共利益与私人利益"的措施

现今,中国作为世界重要的资本输出国之一,在全球投资格局中的地位发生了重要变化。随着中国经济的不断发展,对外投资规模与日俱增,中国已经逐渐成为世界资本输出大国。目前,我国是世界上对外缔结投资条约最多的国家之一。为了鼓励投资的发展,我国在缔结国际投资条约时广泛采用了自由化较高的条款内容。而随着近些年来跨国企业在华损害公共利益的案件的频发,以及在国际投资条约的签订中我国普遍采用了较高的投资保护标准,我国可能会面临陷入公共利益保护困境的风险。因此,这就要求兼具资本输出大国和资本输入大国的双重身份的我国,在国际投资角色转换的过程中,应清楚地认识到我国主要作为东道国所应当坚持的立场,以及作为投资者母国应当承担的责任。

一、加强国内法规建设

(一)国内环境规制措施的完善

依据我国《中华人民共和国宪法》的规定,国家保护和改善生活环境和生态环境,防治污染和其他公害。这表明环境保护已成为我国宪法所规定的义务。作为全球重要的发展中国家,我国过去确实存在为了经济发展而牺牲环境的情况。然而,随着我国国力和经济的不断增强,环境保护已经受到党和国家的高度关注。正如前文所述,东道国与投资者之间的环境利益和期待利益往往会产生冲突,如何解决这些矛盾,显然是当前亟须解决的关键问题。

分析我国当前的外商产业转移情况后可知,许多涉及碳排放的产业,如火力发电和纺织印染等,都成为外商转移的对象。自我国加入WTO以来,外商在我国的投资力度逐年增加,导致外商产业转移频率上升,国内环境因此遭受严重污染。为了缓解这一状况,我国对环境保护提出了更高要求,并对外资项目实施了严格的环境监管。比如,日本的王子制纸因向大海排放污水被我国环境部门立即叫停,并受到行政处罚;上海多家外资企业因未遵守我国环保要求,也受到了环保局的行政处罚。正如前文所述,国际投资仲裁庭受理的大部分案件都与东道国的环境规制措施有关,这表明,如果我国的环境规制措施经常与外资发生冲突,那么向国际投资仲裁庭起诉我国的案件数量可能会增加,从而导致我国面临更高的赔偿风险。

2019年公布的《中华人民共和国外商投资法》明确指出,因国家利益、社会公共利益需要改变政策承诺、合同约定的,应当依照法定权限和程序进行,并依法对外国投资者、外商投资企业因此受到的损失予以补偿。这表明,国家在向投资者承诺某些事项时是建立在不违反国内法规制的前提下。此外,环境规制措施在维护和保护东道国环境方面发挥着重要作用。因此,我国在健全和完善环境规制时,建议从以下几个方面着手。

第一,逐步健全和完善与环境措施相关的执行体系。以国内法为核心,以国际条约为导向,遵循各法对环境规制制定的措施,行政机关在获取准确证据后,可以合理合法地开展环境治理和保护工作。同时,无论国内企业还是国外企业,一旦违反环境规制条例,应确保处罚方式的一致性。

第二,逐步健全和完善围绕环境规制建立的监督体系,并将环境影响评价制度落到实处。首先,建立完善的沟通平台和沟通机制,减少信息不对称引发的问题;其次,地方政府应大力支持环境友好型项目,并制定有利于这些企业发展的优惠政策;再次,定期邀请环境保护领域的专家和学者对区域环境进行评价;最后,关注公众关心的环境问题,明确项目对周边环境的影响,并建立动态性的环境保护机制。

第三,逐步健全和完善我国现行的外商企业投诉机制。根据《中华人民共和国外商投资法》的要求,注重协调程序的透明度,及时解决外商的投诉意见,并建立相应的救助机制。

(二)健全和完善外资监督制度

我国在吸引外资注入国内之前,可以利用现行法律对公共利益等进行规制。这样一来,投资者一旦进入我国,就必须严格遵守我国制定的各项法律条例。这种做法,一方面能够增强对外资主体的约束力;另一方面,也能预防因制度变革或优化而产生的潜在问题。基于此,我国可以进一步完善现有的法律制度,并逐步优化法律环境,提升执法效能,确保投资者在进入我国后,即刻遵循我国的法律要求。关于外资引入,我国应当设立严格的审查标准,特别是在涉及公共利益的保护方面,绝不能因过分追求外资吸引而忽视了本国公共利益的重要性。此外,在未来的发展中,还需进一步完善外资监督制度,具体体现在两个方面:一是增强国家机关的现有监督和管理能力,加大对投资者的管理力度,防止投资者为了一己私利而损害我国公共利益;二是充分发挥社会监督的作用,比如,鼓励公民积极参与环境保护或消费者权益保护等社会活动,通过这种方式逐步实现全民参与监督和管理,从而扩大监督和管理的效果。

二、国际投资条约中对公共利益问题的完善

(一)对环境问题的完善

自1996年至2011年,中国签署的众多BIT中均明确包含环境保护条款,这些条款的内容表述十分明确。比如,《中华人民共和国政府、日本国政府及大韩民国政府关于促进、便利和保护投资的协定》规定:"各缔约方均承认,通过放松环境措施来鼓励缔约另一方投资者进行投资是不适当的。为此,各缔约方均不得放弃或以其他方式减损此类环境措施去鼓励在其领土内设立、收购、扩展投资。"《〈中国投资保护协定范本〉(草案)论稿(二)》指出:"缔约一方采取的旨在保护公共健康、安全及环境等在内的正当公共福利的非歧视的管制措施,不构成间接征收,但在个别情况下,例如所采取的措施严重超过维护相应正当公共福利的必要时除外。"[①]由此可见,在投资条约中,我国对环境保护的重视程度是显著的。

然而,尽管中国历年签署的BIT中提到了环境条款,但是这些条款大多仅限于贸易方面,并未深入涉及投资方面。比如,《中华人民共和国政府与东南亚国家联盟成员国政府全面经济合作框架协议服务贸易协议》中的环境规定仅在一般例外条款中有所体现。

从区域投资条约的角度来看,由于各缔约国的国情差异,他们在环境标准上难以达成统一和标准化的共识。为了增强对外国投资者的约束力并提升国家环境利益,我国需要从以下几点着手。

---

① 温先涛.《中国投资保护协定范本》(草案)论稿(二)[J].国际经济法学刊,2012,19(1):133.

第一,将申明性宣言纳入投资条约的序言部分。从本质上讲,宣言性规定属于软法范畴,尽管它引发了广泛的争议,但软法的引入能够补充硬法的不足和缺陷。因此,增加新的宣言性规定可以最大程度地扩展东道国在制定环境政策方面的自由度。

第二,特别关注环境保护例外条款。目前,我国签署的多数投资条约都包含了环境保护例外条款,只有少数未提及。这主要是因为环境保护例外条款得到了许多国家的认同和接受,因此它经常出现在投资条约中,目的是增强东道国在环境管理方面的权力,避免因环境保护措施而陷入困境。

第三,在现行的争议解决条款中增加一项规定:当投资者与东道国因投资和环境问题产生矛盾和冲突时,投资者必须先尝试东道国提供的所有救济途径后,才能向国际投资仲裁庭提起仲裁。这一措施一方面有助于减少投资者在国际投资仲裁中的滥诉行为,另一方面,也有利于提升东道国在国际投资仲裁程序中的主动地位。

(二)完善人权条款

本质上,国际投资条约是投资仲裁庭处理国际投资争端的关键依据,同样也是仲裁员制定裁决意见的重要参考。在某种程度上,人权条款在国际投资条约中的解释,会对仲裁庭的裁决行为产生重大影响。然而,现行的国际投资条约并未对人权条款提供明确的解释和说明,一些规定也过于模糊,这显然不利于提升人权在国际投资条约中的保护水平。鉴于此,我国在签订国际投资条约时,应从以下几点着手。

第一,明确公平公正待遇与征收的定义,并确立二者之间的明确区分。在未来的投资条约签订过程中,我国应注重定义和区分公平公正待遇与征收,确保二者有清晰的界定和准确的区分方法,以此减少我国被起诉的概率。

第二,制定关于人权保护例外的条款。在投资保护条约的缔结过程中,应重视人权保护,必要时可在投资条约中纳入人权保护条款。这类措施可以有效加强人权保护,提升保护效果。

第三,逐步健全和完善仲裁条款中涉及的法律规定。在签订投资保护条约时,我国应以法律适用性为核心,以争议解决为导向,以国际人权法为基础,设计并构建相关条款,为我国的人权保护提供合理合法的依据。

结 语

由于国际投资的迅速发展,国际投资条约数量的增多,国际投资仲裁案件的出现也呈现直线上升之势,由此引发的问题也更加突出,如国际投资仲裁同案不同判、国际投资仲裁程序与东道国主权矛盾、重投资主体利益轻公共利益及东道国利益。国际投资仲裁正当性危机也悄然而来,它通常以裁决不一致、透明度较低等程序问题表现出来。国际社会试图通过程序性的补救措施化解国际投资仲裁正当性危机,但效果不佳。究其原因,主要是因为正当性危机缘起的根源性问题没有得到有效解决。这种根源性问题主要表现为两大平衡的缺失,即以漠视东道国国家主权利益和国家安全利益为代表的"国家利益与投资者利益"失衡和以漠视东道国环境问题和人权问题为代表的"公共利益与投资者利益"失衡。基于此,本文从平衡两种利益关系入手,提出了国际投资正当性危机实体问题化解方案。

在平衡"国家利益与投资者利益"方面,从主权问题和国家安全问题入手进行了分析和讨论。在国家主权保护方面,国际投资法过于倾向投资者利益的规定以及条款和投资等概念界定的模糊都增加了东道国的义务和风险,从而对国家主权形成了挑战与冲击。同时程序性条款设计缺陷、平行程序和条约挑选现象频发以及巨额的赔偿等也使国家主权遭受侵蚀。本文从设立仲裁上诉机制、防止投资者滥诉、提高仲裁的透明度、提高条约解释的精准度等四个层面给出了解决国家主权问题的措施。在国家安全保护方面,本文探讨了国际投资仲裁中的国家安全实践案例,提出了国家安全问题的界限和保护措施,从而化解了国际投资仲裁正当性危机中的国家利益与投资者利益的失衡。

在平衡"公共利益与私人利益"方面,本文从环境问题和人权问题入手进行了分析和讨论。结合国际投资仲裁的实践不难看出,仲裁员在作出司法判决时会受传统思维的约束,导致对社会公共利益的关注有所降低,对私人财产的重要性过分强调,这是不合理的,是违背法律宗旨的。在环境保护和投资者利益协调方面,本文分析了东道国环境保护与投资者合理期待之间的矛盾和存在的问题,并提出以明确合理期待的标准、统一仲裁庭对东道国环境考量等措施来解决国际投资仲裁中的环境保护与投资者利益平衡的问题。在人权问题方面,本文在对人权法与投资法之间的关联性作出明确的区分和分析的基础上,提出了优化国际投资条约中人权相关规定、加强东道国的国内人权法规建设以及强化投资者母国对海外投资者等约束的措施,以协调东道国人权保护和投资者的利益。

与此同时,条约解释的不当和冲突也在一定程度上加剧了这种失衡。在国际投资争端处理的过程中,只有确保条约解释的一致性,才能够最大限度地实现争端解决目的,才能有效地化解国际投资仲裁正当性危机。从提高仲裁员能力、规范VCLT的条约解释规则的适用以及充分利用缔约国解释等途径对条约解释问题进行有效应对,是实现国际投资仲裁实体利益平衡的路径之一。

中国作为世界上公认的双向投资大国,在对外缔结国际投资条约和参加国际投资仲裁活动时,要坚持维护国家利益的原则、坚持区分原则,并在国家安全例外的条款设置上引起重视。同时,我国要加强国内法规建设,对国际投资条约中公共利益的条款给予高度的关注。在国际投资角色转换的过程中,应清楚地认识到我国作为东道国所应当坚持的立场,以及作为投资者母国应当承担的责任。

参考文献

[1]艾伦·布坎南,罗伯特·基欧汉.全球治理机制的合法性[J].南京大学学报(哲学·人文科学·社会科学),2011(2):29-42,158+159.

[2]伯恩斯坦,科尔曼.不确定的合法性:全球化时代的政治共同体、权力和权威[M].丁开杰,等译.北京:社会科学文献出版社,2011.

[3]蔡从燕.外国投资者利用国际投资仲裁机制新发展反思[J].法学家,2007(3):102-109.

[4]蔡从燕.效果标准与目的标准之争:间接征收认定的新发展[J].西南政法大学学报,2006,8(6):85-91.

[5]曹建明.WTO与中国的司法审判[M].北京:法律出版社,2001.

[6]车丕照.国际秩序的国际法支撑[J].清华法学,2009(1):6-20.

[7]陈安."解决投资争端国际中心"述评:专论、文档选要[M].厦门:鹭江出版社,1989.

[8]陈安.陈安论国际经济法学[M].上海:复旦大学出版社,2008.

[9]陈安.国际投资法的新发展与中国双边投资条约的新实践[M].上海:复旦大学出版社,2007.

[10]陈安.国际投资争端仲裁:"解决投资争端国际中心"机制研究[M].上海:复旦大学出版社,2001.

[11]陈安.中外双边投资协定中的四大"安全阀"不宜贸然拆除:美、加型BITs谈判范本关键性"争端解决"条款剖析[J].国际经济法学刊,2006,13(1):3-37.

[12]陈辉萍.论公平正义作为国际投资条约的价值取向[J].国际经济法学刊,2013,20(4):58-83.

[13]陈一峰.全球治理视野下的国际组织法研究:理论动向及方法论反思[J].外交评论,2013(5):113-125.

[14]池漫郊.国际仲裁体制的若干问题及完善[M].北京:法律出版社,2014.

[15]单文华,王鹏.均衡自由主义与国际投资仲裁改革的中国立场分析[J].西安交通大学学报(社会科学版),2019,39(5):20-28.

[16]单文华.从"南北矛盾"到"公私冲突":卡尔沃主义的复苏与国际投资法的新视野[J].西安交通大学学报(社会科学版),2008,28(4):1-15,21.

[17]邓婷婷,屈丹.论国家在投资者—国家争端解决机制中的角色转变[J].中南大学学报(社会科学版),2021,27(2):65-80.

[18]邓婷婷.中欧双边投资条约中的投资者-国家争端解决机制:以欧盟投资法庭制度为视角[J].政治与法律,2017(4):99-111.

[19]郭玉军.论国际投资条约仲裁的正当性缺失及其矫正[J].法学家,2011(3):141-180.

[20]哈贝马斯.合法化危机[M].刘北成,曹卫东,译.上海:上海人民出版社,2000.

[21]韩立余.国际经济法学原理与教程[M].北京:中国人民大学出版社,2006.

[22]韩秀丽,翟雨萌.论"一带一路"倡议下中外投资协定中的投资者—国家仲裁机制[J].国际法研究,2017(5):20-34.

[23]汉斯·凯尔森.国际法原理[M].王铁崖,译.北京:华夏出版社,1989.

[24]何海波.司法审查的合法性基础:英国话题[M].北京:中国政法大学出版,2007.

[25]何树全.国际投资协定中的主要争议和未来的选择分析[J].社会科学,2004(5):25-32.

[26]亨克·奥弗比克.作为一个学术概念的全球治理:走向成熟还是衰落?[J].国外理论动态,2013(1):22-26.

[27]胡伟.在经验与规范之间:合法性理论的二元取向及意义[J].学术月刊,1999(12):77-88,8.

[28]黄世席.国际投资仲裁中的挑选条约问题[J].法学,2014(1):62-73.

[29]黄世席.可持续发展视角下国际投资争端解决机制的革新[J].当代法学,2016(2):24-35.

[30]黄世席.欧盟投资协定中的投资者—国家争端解决机制:兼论中欧双边投资协定中的相关问题[J].环球法律评论,2015(5):149-160.

[31]黄志雄.国际法视角下的非政府组织:趋势、影响与回应[M].北京:中国

政法大学出版社,2012.

[32]贾怀远.对外投资中的利益拒绝原则[J].国际经济合作,2017(1):79-81.

[33]贾少学."一带一路"倡议背景下的俄罗斯能源投资制度分析[J].法学杂志,2016(1):40-47.

[34]姜昕.公法上比例原则研究[D].长春:吉林大学,2005.

[35]克莱斯勒.结构冲突:第三世界对抗全球自由主义[M].李小华,译.杭州:浙江人民出版社,2001.

[36]李浩培.条约法概论[M].北京:法律出版社,1987.

[37]李武健.国际投资仲裁中的社会利益保护[J].法律科学(西北政法大学学报),2011(4):147-153.

[38]梁丹妮.NAFTA投资争端仲裁程序透明度研究:法庭之友与非争端缔约方的参与[J].求索,2008(10):141-143.

[39]梁丹妮.国际投资争端仲裁程序透明度研究:从《ICSID仲裁规则》(2006)和《UNCITRAL仲裁规则(修订草案)》谈起[J].国际经济法学刊,2010,17(1):226-241.

[40]梁西,王献枢.国际法[M].2版.武汉:武汉大学出版社,2003.

[41]梁西.国际组织法[M].武汉:武汉大学出版社,1993.

[42]林爱民.论国际投资仲裁中的公共利益保护[J].西南政法大学学报,2009,11(2):70-76.

[43]林泰.政法国际化研究:论全球治理语境下国际行政法的产生[M].北京:人民出版社,2013.

[44]刘洪岩.俄罗斯生态安全立法及对我国的启示[J].环球法律评论,2009(6):77-86.

[45]刘京莲.阿根廷国际投资仲裁危机的法理与实践研究:兼论对中国的启示[M].厦门:厦门大学出版社,2011.

[46]刘敬东.构建公正合理的"一带一路"争端解决机制[J].太平洋学报,2017,25(5):13-22.

[47]刘笋.论国际投资仲裁对国家主权的挑战:兼评美国的应对之策及其启示[J].法商研究,2008(3):3-13.

[48]刘志云.论全球治理与国际法[J].厦门大学学报(哲学社会科学版),2013

（5）:87-94.

[49]卢进勇,余劲松,齐春生.国际投资条约与协定新论[M].北京:人民出版社,2007.

[50]罗丹思.投资者国家争端解决机制及其对东道国法治影响的研究[D].武汉:中南财经政法大学,2014.

[51]毛婵婵.国际投资条约仲裁中公共利益保护问题研究:以ICSID仲裁为视角[D].武汉:武汉大学,2013.

[52]美浓部达吉.公法与私法[M].黄冯明,译.北京:中国政法大学出版社,2002.

[53]门洪华.论国际机制的合法性[J].国际政治研究,2002(1):131-138.

[54]漆彤.论国际投资协定中的利益拒绝条款[J].政治与法律,2012(9):98-109.

[55]乔慧娟.私人与国家间投资争端仲裁的法律适用问题研究[M].北京,法律出版社,2013.

[56]秦亚青.全球治理失灵与秩序理念的重建[J].世界经济与政治,2013(4):4-19.

[57]申现杰,肖金成.国际区域经济合作新形势与我国"一带一路"合作战略[J].宏观经济研究,2014(11):30-38.

[58]沈岿.公法变迁与合法性[M].北京:法律出版社,2010.

[59]沈志韬.论国际投资仲裁正当性危机[J].时代法学,2010,8(2):113-119

[60]石慧.投资条约仲裁机制的批评与重构[M].北京:法律出版社,2008.

[61]石静霞.国际贸易投资规则的再构建及中国的因应[J].中国社会科学,2015(9):128-145,206.

[62]斯图尔特.美国行政法的重构[M].沈岿,译.北京:商务印书馆,2002.

[63]宋连斌.仲裁法[M].武汉:武汉大学出版社,2010.

[64]苏长和.全球公共问题与国际合法:一种制度的分析[M].上海:上海人民出版社,2009.

[65]孙南申,李思敏.国际投资仲裁裁决执行中的国家豁免适用问题[J].上海对外经贸大学学报,2021,28(6):99-110.

[66]孙志煜.国际制度的表达与实践:以中国—东盟自由贸易区争端解决机制

为样本的分析[J].暨南学报(哲学社会科学版),2012(3):41-46,161.

[67]汤树梅.国际投资法的理论与实践[M].北京:中国社会科学出版社,2004.

[68]万鄂湘,石磊.论国际组织缔约能力的法律依据[J].武汉大学学报(哲学社会科学版)[J].1994(6):36-43.

[69]王贵国.国际投资法[M].北京:北京大学出版社,2001.

[70]王海浪.ICSID管辖权新问题与中国新对策研究[M].厦门:厦门大学出版社,2017.

[71]王继军.公法与私法的现代诠释[M].北京:法律出版社,2008.

[72]王鹏.论国际混合仲裁的性质:与国际商事仲裁和国家间仲裁的比较研究[M].北京:人民出版社,2007.

[73]王彦志.国际投资争端解决的法律化:成就与挑战[J].当代法学,2011(3):15-23.

[74]王燕.国际投资仲裁机制改革的美欧制度之争[J].环球法律评论,2017(2):179-192.

[75]魏艳茹.ICSID仲裁撤销制度研究[M].厦门:厦门大学出版社,2007.

[76]翁国民."法庭之友"制度与司法改革[M].北京:法律出版社,2006.

[77]肖芳.《里斯本条约》与欧盟成员国国际投资保护协定的欧洲化[J].欧洲研究,2011(3):93-110,161.

[78]肖军.建立国际投资仲裁上诉机制的可行性研究:从中美双边投资条约谈判说起[J].法商研究,2015(2):166-174.

[79]谢宝朝.投资仲裁上诉机制不是正当性危机的唯一解药[J].世界贸易组织动态与研究,2009(4):22-28.

[80]徐崇利."保护伞条款"的适用范围之争与我国的对策[J].华东政法大学学报,2008(4):49-59.

[81]徐崇利.从实体到程序:最惠国待遇适用范围之争[J].法商研究,2007(2):41-50.

[82]徐崇利.公平与公正待遇:真义之解读[J].法商研究,2010(3):59-68.

[83]徐崇利.公平与公正待遇标准:国际投资法中的"帝王条款"?[J].现代法学,2008,30(5):123-134.

[84]徐崇利.国际投资法中的重大争议问题与我国的对策[J].中国社会科学,

1994(1):23-38.

[85]徐崇利.国际投资条约中的"岔路口条款":选择"当地救济"与"国际仲裁"权利之限度[J].国际经济法学刊,2007,14(3):125-144.

[86]徐崇利.利益平衡与对外资间接征收的认定及补偿[J].环球法律评论,2008(6):28-41.

[87]徐崇利.晚近国际投资争端解决实践之评判:"全球治理"理论的引入[J].法学家,2010(3):143-153,180.

[88]徐亚文.程序正义论[M].济南:山东人民出版社,2004.

[89]杨帆.ISDS机制在欧盟的困境及使用当地救济的回归[J].太原理工大学学报(社会科学版),2015,33(3):48-53.

[90]杨临宏.行政法中的比例原则研究[J].法制与社会发展,2001(6):42-49.

[91]杨树明.国际商事仲裁法[M].重庆:重庆大学出版社,2002.

[92]杨希.国际投资法中的国家"回归"趋势:兼评我国《外商投资法》中的规制权[J].海南大学学报人文社会科学版,2021,39(1):129-138.

[93]杨小强.投资条约仲裁机制的结构性缺陷与变革:评范·哈顿的《投资条约仲裁与公法》[J].国际经济法学刊,2009,16(1):327-338.

[94]姚梅镇,余劲松.比较外资法[M].武汉:武汉大学出版社,1993.

[95]姚梅镇.国际投资法[M].3版.武汉:武汉大学出版社,2011.

[96]姚梅镇.国际投资法成案研究[M].武汉:武汉大学出版社,1989.

[97]叶必丰.行政法的人文精神[M].北京:北京大学出版社,2005.

[98]叶斌.欧盟TTIP投资争端解决机制草案:挑战与前景[J].国际法研究,2016(6):71-82.

[99]余劲松,吴志攀.国际经济法[M].北京:北京大学出版社,2000.

[100]余劲松,詹晓宁.国际投资协定的近期发展及对中国的影响[J].法学家,2006(3):154-160.

[101]余劲松.国际经济法问题专论[M].武汉:武汉大学出版社,2003.

[102]余劲松.国际投资法[M].北京:法律出版社,1997.

[103]余劲松.国际投资条约仲裁中投资者与东道国权益保护平衡问题研究[J].中国法学,2011(2):132-143.

[104]余劲松.跨国公司法律问题专论[M].北京:法律出版社,2008.

[105]俞可平.全球化:全球治理[M].北京:社会科学文献出版社,2003.

[106]曾华群.当前国际投资政策趋向与我国的应有作为[J].光明日报,2013-08-07(11).

[107]曾华群.仲裁解决中外投资争议的新发展[J].中国外资,1999(5):49-50.

[108]曾令良,余敏友.全球化时代的国际法:基础、结构与挑战[M].武汉:武汉大学出版社,2005.

[109]曾文革,党庶枫."一带一路"战略下的国际经济规则创新[J].国际商务研究,2016(3):25-36.

[110]詹晓宁,葛顺奇.国际投资协定:"投资"和"投资者"的范围与定义[J].国际经济合作,2003(1):41-45.

[111]詹晓宁,欧阳永福.国际投资体制改革及中国的对策[J].国际经济合作,2014(7):11-15.

[112]张斌.现代立法中的利益衡量:以个体主义方法论为研究视角[D].长春:吉林大学,2005.

[113]张光.国际投资仲裁机制的民主危机及应对[J].黑龙江社会科学,2009(2):157-160.

[114]张光.利益平衡与国际投资仲裁中东道国公共利益的保护[J].国际经济法学刊,2010,17(4):141-155.

[115]张光.论东道国的环境措施与间接征收:基于若干国际投资仲裁案例的研究[J].法学论坛,2006,31(4):61-68.

[116]张光.论国际投资仲裁中非投资国际义务的适用进路[J].现代法学,2009,31(4):121-130.

[117]张光.双边投资条约的公益化革新[J].当代法学,2013(5):149-160.

[118]张庆麟.国际投资法问题专论[M].武汉:武汉大学出版社,2007.

[119]张庆麟.国际投资仲裁的第三方参与问题探究[J].暨南学报(哲学社会科学版),2014(11):70-82.

[120]张庆麟.欧盟投资者—国家争端解决机制改革实践评析[J].法商研究,2016(3):143-155.

[121]张圣翠.国际商事仲裁强行规则研究[M].北京:北京大学出版社,2007.

[122]赵骏.国际投资仲裁中"投资"定义的张力和影响[J].现代法学,2014,36
(3):161-174.

[123]赵骏.投资仲裁中"投资"定义的张力和影响[J].现代法学,2014(3):
161-174.

[124]赵威.国际仲裁法理论与实务[M].北京:中国政法大学出版社,1995.

[125]郑蕴,徐崇利.论国际投资法体系的碎片化结构与性质[J].现代法学,
2015,37(1):162-171.

[126]周成新.国际投资争议的解决方法[M].北京:中国政法大学出版社,
1989.

[127]周旺生.论法律利益[J].法律科学(西北政法学院学报),2004(2):
24-28.

[128]朱明新.国际投资争端解决的"去政治化"与"复政治化"[J].太平洋学
报,2012,20(11):68-76.

[129]朱明新.国际投资仲裁平行程序的根源、风险以及预防:以国际投资协定
相关条款为中心[J].当代法学,2012(2):141-150.

[130]朱炎生.ICSID仲裁机制中法人国籍认定的理论与实践[J].国际经济法
学刊,2006,13(1):244-257.